4·16구술증언록 단원고 2학년 1반 제1권

그날을 말하다

미지 아빠 유해종

이 도서의 국립중앙도서관 출판예정도서목록(CIP)은 서지정보유통지원시스템 홈페이지(http://seoji.nl.go.kr)와
국가자료공동목록시스템(http://www.nl.go.kr/kolisnet)에서 이용하실 수 있습니다.
CIP제어번호: CIP2019006984

4·16구술증언록 단원고 2학년 1반 제1권

그날을 말하다

미지 아빠 유해종

4·16기억저장소 기획 편집
(사) 4·16세월호참사가족협의회 지원 협조

한울

일러두기

1. 음절로 식별 가능한 소리를 들리는 대로 전사하는 것을 원칙으로 한다.

2. 의미를 파악하기 위해 추가 설명이 필요할 경우 [ ]로 표시한다.

3. 몸짓, 어조 등 비언어적 행위는 ( )로 표시한다.

4. 구술자가 말을 잇지 못해 말줄임표를 사용하는 경우 ……, …로 길고 짧음을 표시한다.

5. 비공개 영역은 〈비공개〉로 표시한다.

6. 비공개해야 하는 희생자 형제자매의 이름은 ○○, △△ 등의 도형기호로, 생존자의 이름은 A, B, C 등 알파
   벳 대문자로 표시한다.

7. 비공개해야 하는 제3자는 직분이나 소속, 성만 공개하고, 이름은 ××로 표시한다. 비공개해야 하는 숫자는
   자릿수에 상관없이 □로 표시하며, 지명은 □□로 표시한다.

책머리에

4·16기억저장소에서는 세월호 참사 5주기를 맞아 구술증언 수집 사업의 결과물 일부를 100권의 책으로 발간하게 되었습니다. 이 사업은 2015년 6월부터 다양한 학문 분야 구술 연구자들의 자발적인 참여로 진행되어 왔으며, 세월호 참사를 좀 더 정확하고 다각적으로 기록하고 기억하고자 하는 노력의 일환으로 수행되었습니다.

2014년 참사 발생 이후, 참사 피해자들의 목격담과 경험은 안타깝게도 공식적인 국가기관과 언론의 기록 속에서 철저히 소외되거나 왜곡되었습니다. 그것은 세월호 참사가 우리에게 안긴 죽음과 고통의 충격만큼이나 우리 사회의 끔찍한 비극이었습니다. 따라서 사업을 진행하면서 세월호 참사 희생자 가족, 생존자, 생존자 가족, 어민, 잠수사, 활동가, 기자 등등, 참사의 초기 과정을 직접 경험한 분들의 증언을 우선적으로 수집했습니다. 구술자는 이 사업의 취

지와 방식에 개인적으로 동의한 분 중에서 선정했으며, 참여 과정에 어떠한 금전적 보상이나 이익이 제공되지 않았습니다. 또한 구술증언 수집 사업을 진행하는 동안, 면담자는 연구자이자 참사를 겪은 공동체 시민으로서 최대한 윤리적이고자 노력했습니다.

구술자마다 매회 약 2시간씩 3회를 원칙으로 음성 녹취와 영상 촬영을 하는 방식으로 진행되었고, 증언의 일관성을 확보하기 위해 면담자는 큰 틀에서 공통 질문지를 사용했습니다. 공통 질문지의 내용은 참사와 구술자 간의 관계성에 따라 차이가 있지만, 유가족 구술의 경우 1회차 '참사 이전의 삶, 팽목항과 진도에서의 경험, 자녀에 대한 기억'을, 2회차 '참사 이후 투쟁과 공동체 활동 경험'을, 3회차 '참사 이후 개인 및 가족이 경험한 삶의 변화와 깨달음, 자녀의 현재적 의미'를 중심으로 했습니다. 이처럼 증언 내용은 참사 이전에서 시작해 참사 발생 당시의 경험과 이후의 변화 과정까지 폭넓게 수집했고, 면담자는 구술 채록 과정에서 구술자의 발화를 최대한 존중하고자 했으며, 무엇보다 각자의 특수한 경험과 다른 시각을 충실히 반영하고자 했습니다.

이 구술증언록의 발간을 위해, 채록된 음성 자료는 문서로 변환해 구술자와 함께 검토했고, 현재 시점에서 공개할 수 있는 영역과 할 수 없는 영역으로 구별했습니다. 따라서 책에 실린 내용은 모두 구술자로부터 공개를 허락받은 부분입니다. 비공개 영역은 추후 구술자의 동의를 받아 적절한 절차를 거쳐 추가로 공개될 수 있으리라 생각합니다.

이 구술증언록 100권에는 그동안 우리 사회에 왜곡되어 알려지거나 잘 알려지지 않았던, 참사 발생 직후 팽목항과 진도 혹은 바다에서의 초기 상황에 관한 중요한 증언이 포함되어 있습니다. 또한, 자녀를 잃는 잔인하고 애통한 상황을 겪으면서도 그 누구보다 강인한 정치적 주체로 성장할 수밖에 없었던 유가족의 마음과 경험을 구체적으로, 그리고 여러 각도에서 살펴볼 수 있습니다. 그 외에도, 이 구술증언록은 2014년을 전후한 한국 사회의 여러 측면을 드러내는 귀중한 자료가 되리라고 생각합니다. 무엇보다 국내외의 많은 분이 이 책을 읽어, 장차 세월호 참사의 진상 규명과 역사 서술에 기여할 수 있기를 바랍니다.

구술증언 수집 사업이 진행되고, 책으로 출간되기까지 많은 분의 도움과 지지가 있었습니다. 이 지면을 빌려 부족하나마 감사의 말씀을 전하고자 합니다.

먼저 (사)4·16세월호참사가족협의회와 4·16기억저장소에 감사를 드립니다. 이분들의 신뢰와 적극적인 협조가 없었다면, 이 사업은 처음부터 시작할 수조차 없었을 것입니다. 또한 어려운 정치 환경 속에서도 사업의 취지에 공감해 재정 지원을 결정해 준 아름다운가게와 역사문제연구소에 감사드립니다. 두 단체 덕분에, 이 사업을 4년 동안 계속해 올 수 있었습니다. 그리고 구술증언록 100권의 발간에 동의하고, 바쁜 일정에도 출판 실무를 기꺼이 맡아주신 한울엠플러스(주)에도 감사를 드립니다. 이 외에도 많은 개인과 단체가 직간접적으로 많은 도움을 주시고 격려해 주셨습니다. 여기에 모두 밝히지 못하는 것을 죄송하게 생각합니다.

　말할 필요도 없이, 가장 크고 또 가슴 아픈 감사는 구술자 한 분한 분께 드리고자 합니다. 이 책이 발간될 수 있었던 것은, 무엇보다 용기를 내어 아픔과 고통의 기억을 다시 떠올리고 장시간 진심으로 이야기를 해주신 구술자가 있었기 때문입니다. 오랜 시간 이야기를 나누며 함께 공감하기도 했지만, 그 아픔과 고통을 어떻게 가늠할 수 있을까 싶습니다. 더 큰 도움이 되지 못함을 안타까워하며, 이 구술증언록 100권의 발간이 피해자분들에게 조금이라도 위로가 될 수 있기를 기원합니다.

2019년 4월

4·16기억저장소 구술팀 책임자
서울대학교 인류학과 교수 이현정

차례

미지 아빠 유해종

구술자 유해종은 단원고 2학년 1반 고 유미지의 아빠다. 미지는 반장을 할 정도로 활발하고, 배려심이 많으며, 책임감이 넘치는 맏딸이었다. 미지는 마지막 순간까지 친구들을 먼저 생각하며 탈출을 도왔다. 비행기를 태워준다던 미지의 약속을 기억하며, 아빠는 오늘도 아빠공방에서 열심히 활동하고 있다.

유해종의 구술 면담은 2015년 11월 15일, 22일, 2016년 3월 31일, 3회에 걸쳐 총 3시간 50분 동안 진행되었다. 면담자는 박여리, 촬영자는 김향수·박여리·김솔이었다.

구술자 본인의 프라이버시나 제3자의 프라이버시를 보호해야 할 부분을 제외하고는 구술자의 발화를 있는 그대로 전사했다.

1회차

2015년 11월 15일

시작 인사말

면담자   본 구술증언은 4·16 사건에 대한 참여자들의 경험과 기억을 기록으로 남김으로써 이후 진상 규명 및 역사 기술에 기여하고자 합니다. 지금부터 유해종 씨의 증언을 시작하겠습니다. 오늘은 2015년 11월 15일이며, 장소는 안산시 기억저장소 사무실입니다. 면담자는 박여리이며, 촬영자는 김향수입니다.

근황

면담자   어제 민중 총궐기 대회에 다녀오셨잖아요, 어제 어떠셨어요? 기사에는 8만 명 넘게 모였다고 하던데요.

미지 아빠   우리가 저기 대학로 마로니에에서 공연하고 광화문에 6시까지 모이기로 했거든요? 먼저 마로니에에서 공연 끝나고, 공연이라고 하긴 그렇고 행사 끝나고 도보로 가는데, 거의 광화문 도착했는데 차벽에 둘러싸여서 들어가지 못했어요. 그래서 유가족들은 삼삼오오 뿔뿔이 흩어져서 변장하면서 들어간 사람도 있고, 그리고 한군데 모여 있다가 나중에 들어간 분들도 있고. 저희, 우리 2학년 1반은 다섯 명이서 변장하고, 노란 옷을 입으면 못 들어가게 막아요, 완전히 차벽으로 막아서, 일반 검정색 옷 같은 거 입고 시민이라고 변장을 해서 들어갔었죠.

4·16광장까지 들어가서 거기서 갔더니만 유가족들은 별로 많이 안 보이고 일반 시민들이 많이 모여 있더라고요. 그래서 어떻게 들어왔냐고 물어봤더니 우리가 이러이러해서 들어왔다고 그랬더니 잘하셨다고. 고생들 많았다고 서로 위로해 주고 안아주고 그랬었어요. 나중에 한 10시 반, 11시 정도 됐는데 아마 유가족들 경복궁역에서 갇혀 있다가 거기서 누가 인솔해서 같이 들어왔다고 이야기하더라고요. 들어와서 한참 이야기하다가 어느 정도 시위도 끝나고 마무리가 된다고 해서 행사는 이것으로 마치고 다음에 또 하자고 해서 헤어져서 내려왔어요.

면담자　　　행사 때는 어떤 내용을 했었나요?

미지 아빠　　　그거잖아요. 유가족들은 선체 온전한 인양, 시민들은 국정화 반대 이런 건데, 노동자들은 뭐라 그래야 되나 정규직 비정규직 그렇게 하더라고. 플래카드에 여러 가지 써 있었어요. '박근혜 퇴진', '국정화 반대', '선체 온전한 인양' 이렇게 써가지고. 어제는 정말로 힘들었어요. 우리 유가족들은 원래 보내주기로 아마 되어 있었다고 이야기를 하더라고요. 그래서 우리는 그런 줄만 알고 갔는데 전부 다 막더라고요. 한참 실갱이했어요. 경찰들하고도 실갱이하고. 그러다가 나중에 들어가긴 들어갔는데 어제는 유가족들은 충돌이 없었고, 아마 일반 시민들은 격렬히 시위를 했던 거는 같은가 봐요. 우리는 보지는 못했어요, 차벽에 둘러싸여 있어가지고, 엄청 많이. 그때보다 차벽이 아마 두세 배는 더 강하게 했던 것 같아요. 어제 말 들어보니까 농민 한 분이 물대포에 맞아서 쓰러져서 아마 뇌진탕으로…. 그때 당시에는 사망했다고 이야기 나왔었는데 조금 있으니까 지금 수술 중이라고 위독하다고 그렇게 나오더라고요. 그래서 아직 그 소식을 못 들었어요, 어떻게 되었는지…. 어제 그렇게 와서 집으로 왔어요, 늦은 시간에.

면담자   어제 집회에서 마음이 어떠셨어요?

미지 아빠   저는 솔직히 가서 속에 있는 화를 분출하고 싶었었어요. 가서 진짜 싸우고도 싶었었고, 내가 너무 억울해서 우리 새끼들은 죽었는데, 우리가 잘못한 거 하나도 없잖아요. 우리는 그냥 대한민국의 국민의, 국민으로서 세금 내가면서 착실하게 살았는데 정부는 우리 국민 한 사람, 한 사람 지켜줄 의무가 있는데 지켜주지도 못했고, 그 이유를 밝혀달랬는데 아직도 밝혀주지 못했고, 진짜 감추기만 급급하. 동거차도에도 우리 유가족들이 들어가 있는데 거기 현장까지 들어오지 못하게 해요. 그래서 거기서 무슨 일 일어나는지도 모르고. 우리가 동거차도 산꼭대기에다가 텐트 치며 거기[인양 작업]를 주시를, 감시하고 있거든요. 그런데 낮에는 작업을 안 하고 밤에만 한다고 그러더라고요. 그러니까 분명 뭐가 이상하잖아요. 작업을 낮에도 하고 밤에도 하고 그래야 되는데 그런 걸 또 안 하고 있으니 너무 답답하고, 갑갑하고. 이런 걸 진짜 분출하고 싶은데 분출할 데가 없어요. 우리 유가족들은 본의 아니게 사는데 너무 힘든 거 같애. 제 생각 같아서는 제가 힘드니까⋯, 저도 유가족이잖아요. 힘든 것을 정말로 정부가 다독거려 주고, 그래서 빨리 진상을 밝히고 처벌도 하고 그러면 우리 유가족들이 현 생활로 돌아갈 수 있는데, 그러지를 못해요.

지금 힘들어하시는 분들이 꽤 많고 가정도 옛날 같지 않고, 너무 서로 사는 게 힘들어요. 왜냐하면은 부부지간에도 그렇게 말이 없어졌어요. 서로 그냥 생각을 표현을 하면은 싸움이 일어나는 게 많아요. 속에서 지금 화가 감춰져 있으니까, 그걸 참지를 못하니까 폭발하다 보면 서로 원성이 높아지고, 그러다 보면 싸움으로 이어져 갈 수밖에 없는데, 서로 조심을 하면서 대화가 많이 없어졌어요. 저 같은 경우는 대화가 없어졌고, 다른 사람들한테도 물어보니까 자기네들도 그렇다고 그러더라고요. '아, 이게 나만 그러는 게 아니고 아마 유가족들은 거의 다 그런가 보다' 하고 짐작만 하고 있어요. 내 실담만 이야기하는 거죠.

면담자   그러면 이전에는 가족끼리 잘 지내시는 편이었나 봐요? 대화도 많이 하시고⋯.

미지 아빠   그렇죠. 지금보다는 훨씬 대화도 많았었고 이야기를 하면 서로 감싸주고 그런 분위기였었죠. 지금은 그 사고 이후로 나도 모르게, 그러고 싶지 않은데 말이 먼저 감정으로 격화가 되고, 그러니까 싸움이 일어날 수밖에 없잖아요. 그때는 그런 게, 사고 나기 전에는 그런 게 있더라도 서로 이렇게 위로하는 마음이 생겼었는데, 지금은 나도 모르게 격해지니까 모든 게 귀찮더라고요. 사는 재미도 없고 의미가 뭔가라는 것도 없어지고.

그리고 오로지 하는 생각은 빨리 이거를 진실을 밝혀서 왜 죽었는지 그 이유를 알고 싶고. 그 책임자, 왜 애들은 분명히 살 수 있었는데 그거를 왜 안 살리고 그러고 있었는지 그거를 분명히 알아야 되는데, 정부는 지금까지도 감추기만 급급하고 나 몰라라 하고, 신문, 방송, 언론에서 매도만 시켜놓고. 유가족들만 지금 나쁜 사람으로 되어 있어요. 그런 게 싫죠. 진짜 진실하게, 신실하게 밝혀졌으면 좋겠고. 모든 국민이 알 권리는 있잖아요, 정말로. 다 똑같은 마음으로, 부모 된 마음으로, 자식 기르는 엄마 아빠로 그거를 알고 싶은데, 정부에서 너무 그런 걸 알려주지 않고 매도하는 말만 언론에 보도하고 그렇게 나오더라고요.

미지 아빠   어제 같은 경우도 그렇게 나오더라고. 어저께 아마 채널A인지 거기서 밤에 나오는데 우리는 쇠 파이프도 들지도 않았어요. 그런데 쇠 파이프도 들었다, 유가족들이 합세했네 그랬는데 우리는 거기 껴 있지도 않았고, 낀 거는 사실이지, 거기 가 있었으니까, 낀 건 사실인데 우리가 앞장서서 그걸 하지도 않았는데, 그렇게 방송을 하고 언론을[이] 매도시키는 게 너무 화가 나기도 하고. 진짜 언론이면 언론인답게 진실만 보도하고, 보태지도 말고 있는 사실만 보도를 해주면 국민들이 그것을 믿고 진정으로 믿을 텐데, 저렇게 거짓으로 하니까는 국민들이 불만만 쌓이는 거죠. 어제 거기 나온 국민들이 하나같이 이야기하는 게, 그런 말씀들을 하시

더라고요. 진실 되게 보도만 하면 우리 국민들이 억울하지는 않은
데 국민들을 매도하는 발언만 한다고, 너무 싫다고, 그래서 나왔다
고, 그런 사람들도 많았었어요.

3
구술증언에 참여하게 된 계기

면담자　　　이 구술증언 사업에 참여를 결심하시게 된 계기가
있으신지요?

미지 아빠　　　결심하게 된 동기는 다른 뜻은 없어요, 정말로. 저는
이거 하기 싫었었어요. 『금요일엔 돌아오렴』 책도 그렇고 다 싫었
는데, 지나고 보니까 새끼가 없어졌잖아요, 죽었잖아요, 다시는 안
나타나잖아요, 볼 수도 없고. 그래서 우리 새끼가 이왕 이렇게 된
것, 우리 새끼가 뭐 했었는지, 우리 새끼가 왜 했는지 그런 것을 이
유를 밝히고 또 널리 전하고 싶어서 참가하기로 했었고요. 구술증
언도 마찬가지로 망설였었죠. 그 책 냈을 때도 그랬었고, 똑같은
심정이었었어요. '우리 애는 보지도 않는데 이걸 또 해야 되나' 하
다가 조금 지나니까 '아니야', 이건 나만이 하는 생각이 아닌 다른
사람들이 이런 느[낌], 고통을 받으면 안 되잖아요. 너무 힘들거든
요. 그래서 나 하나로, 나 하나로만 끝나고, 나 하나로 모든 것을
해서 다시는 이런 아픔을 겪는 사례가 되면 안 되겠다고 해서 동참

하기로 한 거죠.

면담자   처음에는 왜 참여하고 싶지 않으셨어요?

미지 아빠   모든 게 다 귀찮았어요. 다시 그걸 끄집어내려니까 너무 힘들고 자꾸만 그 애하고 있었던 생각이 자꾸만 나고. 그 애가 바닷속에 한 달 동안 있던 생각이 자꾸만 나서 그게 다 싫었었어요.

면담자   나중에 혹시 이 기록이 사용이 된다면 어떤 방향으로 사용됐으면 좋겠는지요?

미지 아빠   사용되는 거는 다른 건 없겠죠. 진실 되고 확실하게 우리같이 또 당하면 안 되는 것을 목적으로, 그다음에 나 개인의 한 사람으로서 이런 일에 참여하면서 여러 사람이 다 알 수 있고, 다 공감할 수 있으면 좋겠어요.

4
안산에서의 삶

면담자   여기 안산에 오시기 전에 광주에서 사셨다고 제가 들었는데, 그러면 원래 광주에서 태어나셨나요?

미지 아빠   아니요, 저는 여주에서. 고향이에요, 여주가 고향이에요. 여주에서 28년, 29년 동안 살았어요. 그래서 여주에서 이사

와서 광주로 왔었거든요? 경기도 광주에서 살다가 거기서 결혼도 하고 거기서 몇 년 살다가, 몇 년까지는 아니구나… 2년, 3년? 3년 살았어요. 3년 살고 나서 안산으로 이사 왔죠.

면담자   왜 이사 오시게 된 거예요?

미지 아빠   안산에 그때 당시에 여기 처형이 살고 있었어요. 그런데 처형이 안산에 와서 같이 살자고 그래서 안산으로 오게 됐죠. 안산에 들어온 지 벌써 꽤 됐네요. 18년, 19년, 올해 20년째네요.

면담자   안산에 오셔서는 어떤 직종에 계셨는지요?

미지 아빠   제가 일하는 것은 외부에서 건설직이에요. 그래서 아침 새벽에 나가고, 저녁에 들어오고. 우리 가족, 딸하고는 그렇게 큰 대화는 많이 못 했어요. 어렸을 때, 초등학교 다닐 때는 그래도 어느 정도 많이 대화를 했었고, 초등학교 졸업을 맞고서는 중학교는 우리 딸이 안산에서 나온 게 아니라 화성 자연중학교를 갔어요. 그래서 3년 동안 거기서 기숙사 생활을 했었고, 그러다 보니까 별로 대화를 많이 못 했어요.

면담자   참사 이전에 하루 일과가 어떠셨는지요?

미지 아빠   저의 일과는 그렇죠 뭐. 아빠들의 일과들은 다 똑같지 않습니까. 아침에 일어나서 일 가고 저녁에 늦게 들어오고, 그게 일과였었죠 뭐.

면담자   보통 몇 시쯤 들어오셨어요?

미지 아빠 　저녁 8시 정도. 8시 정도 들어오면은 그때 우리 미지는 자연중학교에서 있었으니까 보지 못했고, 기숙사 생활을 하니까 금요일 날 오후에 나갔다가 토요일 날 쉬고, 일요일 날 들어가고 그랬었거든요. 그때 당시에는 몇 번을 그렇게 자주 만나서 이야기는 했었죠, 나왔을 때는. 우리 미지가 저하고는 그래도 이렇게 친해요. 저희 성격이 비슷하고, 먹는 음식도 비슷하고, 가끔씩 둘이서 이야기도 하고, 이런 이야기, 저런 이야기 하다 보면 그런 말도 했었는데 농담적으로, 이다음에 자기가 커서 아빠 비행기 태워준다고 이런 말도 했었는데….

5
미지 발견된 날의 상황

미지 아빠 　아, 또 이야기하니까 그게 또 나오네. 미지가 사고 났을 때 다른 사람들은 애들이 일찍 나왔는데 구급차 타고 올라왔거든요, 팽목에서 안산까지. 그런데 내 딸은 한 달 만에 나와서 시신이 많이 훼손됐어요. 한 200여 명째에서부터 그때부터 헬리콥터도 타고 올라왔거든요.

　내 딸은 269번, 279번인가 그렇게 됐었는데, 우리 딸을 딱 봤는데 거기서 하시는 분이 그러시더라고 "아버님, 따님을 평소에 좋은 모습만 기억하시는 게 좋을 것 같습니다"라고 하길래, 한편으로 생각을 하니까 '아이고, 우리 새끼는 없어졌는데 진짜 좋은 모습만 기억하는 게 좋겠다'라고 생각을 해서 우리 아이의 얼굴은 보지도 못했어요. 거기서 보지 못하고 그 세마포에서 이렇게 덮여 있는데, 길게 머리도 땅바닥까지 떨어져 있는 모습만 봤는데, 그때 그 모습이 지금으로서 기억이 나지만 그때 당시에는 기억이 아무것도 안 났었거든요. 그때는 애를, 자기 애를 확인을 했어도 바로 인계해 주는 게 아니고 DNA 검사를 해서 맞아야만 인계를 해줬거든요.

그다음에 인계받고 올라오는데 헬리콥터를 타는데 대뜸 그 생각이 연관이 되더라고요. '이 자식이 죽으면서까지 약속을 지키려고 이렇게 늦게 나왔나'라는 생각이 가슴이 아프고 미어지더라고요. '이 자식은 참 죽어서까지 약속을 지키는구나'라고. 그것도 안산에 오고 나오니깐, 미지를 보내고 나서 너무 후회가 되더라고요. '왜 내 새낀데 아무리 시신이 망가졌어도 마지막 그걸 보지 않았을까, 왜 안 봤을까' 생전에도 볼 수도 없잖아요. 보내고 나니까 너무 후회가 되더라고요. 그때 당시 아무리 힘들었어도 봤을걸. 지금 제가 생각하는 미지의 모습은 좋은 모습만 지금은 생각이 되지, 그 망가진 모습은 보지 못했기 때문에 너무 후회가 되더라고요. 내 새끼가 마지막일 때 이 세상에서 볼 수 없는 모습인데, 그거 아무리 망가졌더라도 왜 내가 보지 않았을까 너무 후회가 되더라고요. 그래서 미지 삼일장 보내고 나서 엄청 많이 울었어요. '왜, 내가 아빤데 부몬데 그걸 보지 못했을까, 왜 안 봤을까' 너무 후회가 되더라고. 또 다른 분들의 이야기를 들어보면 보신 분들도 너무 후회가 된다고 그러더라고요. 매일같이 꿈속에 나오는 것 같고, 괜히 봤다고, 좋은 모습만 볼 걸 괜히 봤다면서…. 그러니까 봐도 후회, 안 봐도 후회, 참 너무 힘든 세상이에요.

　왜 이런 세상에 도통 우리가 겪어야 되는지 그 이유를 모르겠어요. 진짜 좋은 모습으로 살아가려고만 했었는데 애를 잃고 나니까 별의별 생각이 다 들더라고요. '이 험한 세상, 험한 나라에서 우리가 살아가야 되나. 이민이라도 가야되는 건가' 그런 생각도 들고 때로는 '아 새끼라도 빨리 보고 싶은데 새끼 따라가야 되는가' 그런 생각도 들거든요. 좌우든 간 진짜 힘든 삶을 살고 있어요. 밤이 되니까 생각하다가 지쳐 잠들 때도 있고, 날이 새면은 날이 밝았으니까 일어나서 이리 뒤척, 저리 뒤척 하다가 또 배고파 한 끼 그냥 아침 겸 점심 먹고, 점심 겸 저녁 먹다가 말고 그러고, 그런 삶이 너무나 익숙해져서 있더라고요. 다른 이야기 들어보면 전부 다 너무 싫다고, 어떻게 살아가야 될지 모르겠다고 이러시는 분들이 많아요. 저도 그 사람 중에 한 사람이고요. 그런데 분명한 것은 우리 유가족들은 다들 똑같은 생각이에요. 시간이 얼마나 걸리든지 진실을 밝힐 때까지는 꼭 살아야 된다고, 싸워야 된다고 그런 생각은 똑같은 것 같아요. 자식의 죽음이 너무 억울해서 이유라도 밝혀져야만 이다음에 자식을 만났을 때 떳떳한 엄마, 아빠가 될 수 있을 것 같아서…. 또 그렇게 해주실 거라고 믿어요. 나부터 그렇게 할 거고요(울음).

면담자　　　휴지 드릴까요? 쉬셔도 되는데….

미지 아빠　　　아니, 아니에요. 됐습니다. 괜찮아요.

6
미지 생전에 기억에 남는 일화

면담자　　　아까 좋은 모습이 기억에 남으셨다고 하셨는데 혹시 미지 있을 때 기억에 남는 일화라든가 기억에 남는 좋은 모습, 이런 게 있으세요, 특별히?

미지 아빠　　　우리 딸은 정말로 내가 팔불출이라고 해도 상관이 없어요. 왜냐하면은 우리 딸은 진짜 낳았을 때부터 그 18년 동안 속을 한 번도 안 썩였어요.

면담자　　　반장도 했다고 들었어요.

미지 아빠　　　반장도 미지 엄마가, 미지가 가서 고등학교 2학년 되니까는 미지가 물어보더라고요. "엄마, 나 반장 해볼까?"라고 했는데, 미지 엄마는 "그럼, 야 반장 하면 좋지, 학교 다닐 때 추억도 좋고 많은 경험도 되고 여러 친구들 다 감싸 안을 수 있고 포용이 넓어진다"고 "해라" 그랬거든요. 그래서 한다고 그랬는데, 아마 1차가, 2차, 아마 3차까지 갔는 것 같아요. 투표가 엇비슷하게 나와서 그런 것 같았는데, 그래 갔다 오면서 반장 됐다고 자랑을 많이 했다고 하더라고요. "우리 집에서 반장 해본 사람 있으면 나와보라고, 가문의 영광이라고" 이런 말도 하고… 웃기는 말을 잘해요. 그래도 집에서는 그렇게 시원시원하게 이야기를 잘 안 하는데, 바깥에 나가면요, 친구들한테 말도 잘하고 모든 게 생각이 긍정적으로 다 말을 한대요.

나중에 애들이 와서 이야기해 주는데, 우리 딸이 요 허벅지가 굉장히 좀 굵어요, 탄탄해요. 그리고 걷는 것을 좋아하고. 그러는데 애들이 놀린대요, 꿀벅지라고. 놀리면은 미지는 그렇게 대답을 한대요. "야, 니들 내 다리같이 꿀벅지 가지고 있는 사람 있으면 나와봐라. 이 꿀벅지가 얼마나 좋은 건데" 이렇게 긍정적으로 계속 대답을 하고 그래 가지고 애들이 참 그랬더라고요. 너는 어떻게 그렇게 생각을 하느냐고. 그러면 또 그런대. "야, 세상 뭐 있어. 긍정적으로 다 보면 긍정으로 보이는 거고, 불만으로 보면 다 불만으로 보이는 거고" 이렇게 이야기를 하더라고.

미지를 보내고 나서 학교를 갔는데 미지 짝이, 이름을 밝혀도 괜찮은가 모르겠는데 A예요. A인데, 미지 책상에다 많이 써놨더라고요. "너, 너무 억울해서 너를 볼 수가 없다. 너무 나는 슬프다". 근데 알고 보니까 걔가 안산 법정에서 증언해 주는데, 자기는 우리 반장 때문에 살고, "우리 반장이 선장 역할을 다 했다. 나도 반장 아니었으면 죽었다" 그렇게 증언을 해주더라고요. 그래서 미지 엄마가 그 소리 듣고 미지는 반장 맡아 죽었다고 얼마나 자책을 많이 했는지, 한 일주일 동안 울더라고. 그래서 [내가] 미지는 반장을 안 했어도 미지 할 몫은 다했을 거다. 걔가 포용력 하나는 좋아요. 애들한테 서로 싸우면 그 싸우는 애들끼리 도로 불러다가 화해도 시켜주고, 왜 싸웠는지 이유를 밝히고 똑같이 친구가 되고, 가깝게 이렇게 만들어주고 그랬거든요. 자연중학교 다닐 때도 거기 갈려고 그랬던 게 아니고 우연치 않게 간 게, 우리 교회에서 한 애가 학교를 간다는데 떨어졌어요. 그 학교에 시험을 봤는데, 그때는.

면담자   시험 봐서 들어가는 덴가 봐요?

미지 아빠   예, 경쟁률도 세요. 시험 봐서 들어가는데 우리 교회에도 갈 사람이 없다고 그래. 우리 미지보고 "너 거기 한번 가보지 않을래?"라고만 했어요. "가보죠, 뭐" 그러더라고. 그러더니 자기가 논술이고 원서 접수고 뭐 자기가, 우리 부모가 거들어준 게 아니고, 자기 혼자 다 서류를 갖춰서 원서 접수를 하러 가야 되는데 그 전날 장인어른이 돌아가셨어요. 그래서 갈피를 잡을 수밖에 없잖아요. 장인도 돌아가셨는데 거기 돌아가신, 거기도 가야 되고, 원서도 접수해야 되는데, 그래서 돌아가신 분은 돌아가신 분이고, 어차피 돌아가신 분이니까 삼일장을 보내는데, 원서 접수를 하지 않으면 학교를 못 가잖아요. 시험을 볼 수가 없잖아요. 그래서 얘기해 놓고 원서 접수 해주고 와서 미지가 그 시험을 봤는데 기다리고 있었죠.

우리 기대도 안 했었어요, 사실은. 거기 너무 경쟁률이 세다고 그래 가지고. "미지야 좀 어떠냐?" 그랬더니 "그런대로요. 괜찮게 했어요" 그러더라고요. 나중에 발표했을 때 연락이 왔더라고요, 합격했다고. 경사 났죠, 뭐. 가기 힘든 덴데 들어갔으니 얼마나 좋아요, 기특하잖아요. 그렇다고 부모가 뒤에서 해준 것도 없고, 자기 스스로 혼자 다 했으니까 얼마나 기특해. 그걸 보면 진짜 경사로운 얘기래서 집안에 행복하게 잘 지냈고, 학교 가서 물어봤더니 미지가 또 수석으로 들어갔다고 그래서 선생님이 말씀해 주시더라고요. "야, 너 그래도 대단하다야. 이렇게 경쟁률도 센 데도 어떻게 이렇게 했냐" 그랬더니 또 긍정적으로만 생각해요. "최선을 하는 데까지 했으니까 좋은 결과가 있는 것이고, 최선을 다했으니까 후회는 없다"고 이렇게 이야기하더라고요. '내 새끼지만 참 생각하는 면도 깊다'고 생각을 했었고.

거기 들어가서도 처음에는 적응도 다 잘 못 하나 봐요, 전부 다 각지에서 왔으니까. 그때 당시에 미지가 들어갔을 때 8 대 1 정도는 아마 됐던 것 같아요. 전국에서 다 모였는데, 서로서로 모였으니까 한 개 반밖에 없거든요. 남자가 8명, 여자가 12명이라서 20명이었거든요. 처음에 각지에서 모였으니까 서로 성격들도 모르잖아요. 그래서 몇 달간은 아마 서먹서먹하고 부위별로 이렇게 나눠지고 그랬나 봐요. 조금 친한 친구들끼리 놀리고 뭐 이랬었는데, 1년이 지나고, 2년째 되는 때는 서로서로 성격도 다 파악할 거잖아. 얘네 집안은 어떻고 쟤는 어떻고 서로 그렇게 하는데, 그래 놓고선 누가 나서는 사람은 없었다고 선생님이 그렇게 이야기해 주시더라고요. 나서는 사람이 없었는데, 그래도 "미지 하나만큼은 참 긍정적으로 받아주고 애들을 리드하려고 애를 쓰더라, 같이 이렇게 어울리게 하려고. 이렇게 분리되면 다시 그걸 끌어안으려고 그러고"

31
1회차

그렇게 [말씀]해주더라고요, 선생님도. 나중에 이야기해 주셔서 알았지 우리는 몰랐어요.

친구들도 나중에 진도에 있을 때 애들이 다 내려왔었거든요, 전부 다 빠지지 않고. 외국에 나가 있던 애들도 다 들어와서 이야기를 해주더라고요, "자기는 미지가 있어서 너무 행복했고, 미지가 있어서 너무 즐거웠고, 3년 동안 미지한테 배운 것도 많고". 그렇게 이야기해 주니, 참 우리 딸이라고 그런 게 아니라 '괜찮게 살았구나. 짧은 인생이지만은 지가 그런 친구들한테 기억 속에 남는 애가 됐구나'라고 생각을 했었죠.

A가 그 이야기를 했을 때는 미지 엄마가 너무 자책을 많이 했죠. 자기 때문에 죽었다고… 살 수 있는데. 그래 가지고 며칠 동안 밥도 못 먹고 씨름하고, 계속 위로해 줄 말이 없잖아요. 새끼 잃은 부모 마음은 다 똑같은데 어떡해요. 그래도 이야기해 주면서 "당신이 그러지 않았어도 미지는 그랬을 거다. 애가 오지랖이 넓으니까 그런 걸 못 봐주고 자기 목숨보다 남의 목숨이 더 소중하게 생각했을 것이다. 너무 자책하지 마라. 당신은 딸을 잘 낳아서 잘 키웠다" 그렇게 이야기해 주고, 며칠을 지나니까 조금씩, 조금씩 하다 자기도 그 성격을 알았는지 조금씩, 조금씩 기운 차리더라고요. 그러고선 지금까지 살긴 사는데 이게 언제까지 갈는지 너무 힘들어요. 진짜 가정에서 웃음 잃은 지가 엄청 많이 됐어요. 사고 나고서는 거의 개인 삶을 사는 것 같애.

너는 너, 나는 나, 미지 동생도 있었는데… 누나한테 의지를 많이 했더라고요. 누나가 반장을 하니까 자기도 부반장이라도 한다고 해서 부반장도 했고, 누나 따라서 다 많이 했었거든. 그런데 누나가 없어지고 나서 말이 뜸해지고, 그렇게 밝은 모습이 안 보이더라고요. 자기 나름대로는 또 스트레스가 많이 쌓이고 있었겠죠, 집에서 내색을 안 하고.

애들이 착한 것은, 지금까지도 살면서 둘 다 속을 안 썩였어요, 한 번도. 다른 집 같으면 사춘기 때에는 심하게 싸우고도 그런다고 그러는데, 우리 집은 그렇게 싸운 기억이 없어. 싸운 기억은 없고, '애들이 다 이렇게 착하게들 커지나 보다' 그렇게 생각을 했는데, 바깥에서 나가서 들어보니까 그런 것만은 아닌 것 같더라고요. 그리고 우리 자식은 그런대로 잘 커주고 잘 큰 것 같아요. 조금은 아쉬운 것은 미지가 좀 더 오래 살았으면… 그런 생각은 많이 했을 뿐이죠.

면담자   미지가 동생을 많이 챙겼나 봐요.

미지 아빠   있는 데서 챙기는 게 아니고 없는 데서 많이 챙기더라고요. 보는 데서 서로 많이 싸우기는 해요. 둘이 싸우는데, 그게 크게 싸우는 게 아니라 말로 싸우고 그러는데, 나가서 이야기 들어보면 그래도 동생을 엄청 많이 챙기고, 동생은 누나를 엄청 많이 챙기더라고요. 둘이 있는 데서는 그거를 잘 안 하는데 없을 때는 하더라고요.

면담자   나이 차이가 얼마 안 나나요?

미지 아빠　　　　22개월 차이 나요. 그러니까 친구지 뭐, 친구…. 참 동생도 누나를, 나는 그렇게 많이 의지하는지는 몰랐어. 우리가, 미지가 아이스크림을 굉장히 좋아해요. 평소에 아이스크림을, 미지는 기숙사 들어가 있으면 일주일 동안 안 나오잖아요. 그럼 평소에 아이스크림을 사다 놔도 동생은 안 먹어요, 그거를. 그런데 누나가 먹기 시작하면 그걸 따라서 먹고, 뺏어 먹으려고 꼭 그래. 가져다 놓으면 안 먹어. 그래서 '아, 얘가 누나를 참 많이 의지하는구나. 누나가 하려는 것은 다 따라서 하려고 그러는구나' 그렇게. 누나가 공부도 가르쳐주면은 '아, 누나가 가르쳐주면 잘 배우는구나' 이런 생각이 들어 '아, 얘네 둘이 참 괜찮겠다'라고 생각했었는데, 누나가 세상에 없고 나니까 혼자 그 느낌은 큰가 봐요. 얘기는 안 했는데, 그때 당시에는 그래도 와서 이렇게 이야기도 잘하고 그러는데, 지금은 이야기도 잘 안 해요, 필요한 말만 딱 하고. 가끔씩 말해도 성질내는 목소리가 나고. 얘도 트라우마인가 보다…. 그런데 부모들이 속상할까 봐 그 내색을 안 하는데, 느낌이라는 게 있잖아요, 부모는. '아이고, 이 자식들이 트라우마가 생겼구나…'. 옛날에는 자식이 해달라는 대로 많이 터치를 했었잖아요, "이거 하면 안 돼, 저거 하면 안 돼". 그런데 지금은 하고 싶다는 거 다 하라고 해요, 하고 싶다는 거. 왜? 미지가 못 했으니까 너라도 실컷 해라.

　　부모가 그런 마음은 있잖아요, 없어지면 후회한다고. 딸이 해달라는 거 왜 안 해줬을까, 사달라고 먹으러 가자고 왜 안 갔을까, 그게 너무 후회가 돼요, 없어지니까. 다시는 할 수가 없잖아, 없으니까. 있을 때 잘해줄걸. 그래서 아들한테 너 하고 싶은 거 다, 공부하기 싫으면 하지 말고, 네가 너 인생은 네 거니까 네가 해라. 다른 부모들은 강요를 많이 하잖아요. 그렇게 하고 싶지 않아요. 내가 자식을 낳아서 동생 ○○○ 인생을 만들어줬지만 그 인생 자체는 본인 거잖아요. 본인이 스스로 개척을 하든지, 그때마다 뒤에서 부모가 뒷받침을 해주면 되는 거잖아요. 이래라저래라 간섭할 필요도 없고. 딸이 없어지고 나니까는 그 생전에 못 해줬던 그거가 맨날 기억이 나고 너무 슬퍼요. 해줘도 정말로 어려운 게 아니었었는데 그걸 왜 못 해줬을까. 그거를 다 해달라고 하는 대로 다 해줬으면 후회는 없었을 텐데 지금은 너무 후회가 돼요. 진짜 그 하나서부터 열까지가 다 후회야, 다.

정말로 고마운 거는 내 새끼로 태어나서 살다 간 그것, 너무 착하게 살고 남한테 그래도 인정받고 남한테 욕 안 먹고 그렇게 살아줘서, 살아주다 간 것, 그게 너무 고맙지. 아마 이 다음에 내가 죽어서 우리 딸을 만났을 때는 할 말이 없었을 거야. 못 할 거야, 할 수도 없을 거야, 나는 해주지 못했으니까, 부모로서 아빠로서 해준 게 아무것도 없으니까. 너무 후회가 돼요. 이다음에 내가 죽으면, 얼마 남지는 않았겠지만은, 진짜 '미지 앞에 가서 내가 무릎을 꿇어야 되지 않을까' 이런 생각을 할 때가 많아요(한숨).

면담자   미지가 있었을 때 아까 못 해줘서 후회된다고 말씀하셨는데, 혹시 엄격하게 키우시는 편이었는지, 아니면 중요하게 생각하신 게 있었나요, 키우실 때?

미지 아빠   우리는 자식을 엄격하게 키우지는 않아요, 성격상. 저도 시골에서 자랐지만 우리도 부모한테 맞아보고 그런 건 한 번도 없어요. 그게 영향력이 있었는지는 몰라도, 우리도 이렇게 형제간끼리 싸우는 건 없었거든요. 우리가 시골에서 살았을 때는, 오남매인데 제가 가운데고 제 밑으로 여동생이고, 위로 형님 한 분, 누님 한 분 계시는데, 싸워본 기억은 없어요. 다만 시골에서 살았을 때는, 없어서 그랬었는지 몰라도, 의리는 좋았어요. 옛날에 그 먹을 것이 있으면 부모들이 그렇게 교육을 시키잖아요. "꼭 나눠 먹어라, 콩 한 쪽도 반쪽씩 나눠 먹어라" 이런 말을 많이 듣고 살았거든요. 그래서 그런지 몰라도 부모하고 형제간에 싸운 기억은 없었고. 그래도 형제간끼리는 다 착하게 잘 지내고 살아왔어요.

제가 성장을 해서 결혼을 하고, 애를 낳고서 애 교육도 그렇게 엄격하게 "너 이거 하지 마라, 이거 해라" 주관적으로 끊고 그런 게 아니라 많이 유하게, 하고 싶다고 하면 하고. 우리가 가정 형편상 못 했던 게 있잖아요, 그럴 때면 말리고 그러고 컸어요. 그리고 가정생활했었고. 그랬는데 미지가 나중에 친구들한테 그런 말을 했다고 그러더라고요. 자기가 후회되는 게 가족 여행을 못 간 것. 그러니까 진짜 그 18년 동안 살면서 가족끼리 여행을 가보지를 못했어요. 뭐 사는 게 급한지, 시간이 없는지 모르겠는데 참 이상하게 그렇게 됐어요.

미지가 중학교 졸업을 맞고 고등학교를 저 지리산 있는 자연고등학교로 내가, 부모가 가라고 그래서 그쪽으로 한번 갔었죠. 가족들이 전부 다 타고 아들하고 넷이 가서, 지리산 자연고등학교 가서 견학도 하고, 거기 학교도 둘러보고, 우리는 그리로 보내려고 그랬었죠. "너 여기 가라. 여기 가면 좋지 않겠냐" 그랬는데 학교 가서 그렇게 이야기를 했는데, 미지가 그런 말을 하더라고요. "엄마, 아빠, 나 3년 동안 엄마, 아빠하고 많이 떨어져 있으니까 이번에는 집 근처에 있는 고등학교에 갈래요" 그러더라고. 그 말도 맞잖아. 3년 동안 떨어져 있었는데 얘기할 시간도 없었고. "그러면 네가 생각이 그렇다면 그렇게 하자" 그렇게 하고서 식구들이 가본 기억은 그게 전부예요, 전부 다 간 건. 집에 와서 이야기하기를, 그러면 집 근처 강서고등학교를 가라. 강서고등학교 가서 네가 거기 들어가는 게 맞지 않겠냐, 집도 가깝고. 그러니까 미지가 그러더라고요. "아니요, 자기는 수시로 갈 생각이 있어서 거기보다는 자기가 원하는 학교로 가겠다"고 그러더라고요, 그게 단원고라고. 자기가 가겠다고 그러니까, 부모니까 몰라, 우리는 그냥 애가 해달라는 대로만 해주기로 하니까, "그럼 네가 편한 대로 글로 해라. 네가 수시를 갈라 그러면은 안 말리겠다" 그랬더니 그걸로 합격을 해가지고, 학교별로 해가지고 다닌다고.

1학년 때까지는 선생님하고 이렇게 마음이 안 맞았나 봐요. 미지는 똑 부러지는 걸 좋아했었고, 선생님은 유들유들하게 해서 그 성격이 싫은 것 같아. 와서는 학교를 의무적으로만 가는 생각을 하고 이야기하더라고요. 2학년 올라오면서 이야기를 하는데, 확 바뀌더라고요. 너무 선생님이 좋고, 너무 재미있고, 너무 좋다고. 나는 학교를 이리로 빠져서 너무 좋다고, 선생님이 이런 분이 없다고 와서 자랑도 많이 했어요. 그 선생님도 전화하서 가지고 미지가 애들을 리드하고 참 괜찮고 성격이 좋은데, 어떻게 미지가 잘 성장하면 좋겠다고 전화 한번 해주시고 그랬는데, 그러면서 이야기하기를, 미지가 생일이 빨라요, 다른 애들보다. 3월 16일이 생일이거든. 2학년 때 올라와서 친구들도 올라왔는데 많이 맞는 친구들이 아니잖아. 다 각 반에서 올라오고, 자기 반에서 여섯 명 정도 올라오고, 다른 반에서 올라왔는데, 2학년 올라오자마자 애가 얼굴이 많이 변하더라고요, 환하게. 항상 얼굴이 웃음꽃이 피어나고 그랬는데 3월 16일이 미지가 생일이에요. 유난히 그때 당시에는 친구들한테도 선물도 많이 받아가지고 오면서, 자랑을 하면서 인증샷을 찍어서 카톡에 올려야 된다고 그러면서, 한 달 내내 선물을 받아가지고 오더라고요. 그러고 나서 맨날 와서 자랑을 하는 거예요. "나만큼 선물 많고, 있는 사람 있으면 나와보라고. 가문의 영광이라고" 이런 이야기를 또 하고 그러면, 그래 맞다, 네가 선물 많이 받고 있다고.

7
4월 16일 진도체육관, 팽목항 상황

미지 아빠　　그러고 애들이 수학여행 하루 가기 전날 밤 새우고 한, 내가 [보니까] 11시까지 춤 연습을 많이 하더라고. 내가 왜 이거 춤 연습을 하냐 그랬더니 제주도 가면 반장들이 나와서 춤 대회를 한다고 그러더라고요. "우리 반 꼭 일등을 해서 우리 반 애들 자기가 깜짝쇼를 해줘야 되겠다"고 그러면서 연습을 많이 하더라고. 나는 그다음 날 새벽 4시 반이면 나가야 되거든요? 그래서 춤 연습하는 걸 보고 나는 들어가서 자고 새벽에 가는데 미지 자는 모습밖에 못 보지. 자는 모습만 보고 속으로만 '잘 갔다 와라' 그러고 갔는데 (한숨) 현장에서 일을 하고 있는데 미지 엄마한테 전화가 오는 거예요. 갑자기 전화 오면서 그러더라고. "사고래, 사고", "무슨 사고?" 그랬더니 "수학여행 가는데 배가 지금 침몰하고 있대". "무슨 소리야, 왜 침몰한대?" 그랬더니, "몰라, 지금 단원고 타고 가는 배가 사고인데 미지하고 지금 통화를 했다"는 거예요. 몇 도가 기울어지고, 물이 가깝고, 엄마 나 이거 지금 이런 상황이고 그렇게 전화가 왔다고 그러더라고요. 그 소리 들으니까 '아, 이건 보통 일이 아닌데, 배가 기울어지면 나올 수가 없는데' 그래서 미지 엄마가 전화 끊고선 바로 미지한테 전화를 했는데 통화가 안 되는 거예요.

면담자 그때가 몇 시 정도였나요?

미지 아빠 9시 40분, 50분, 55분? 50분 정도? 하여튼 10시 전이니까. 전화가 안 되는 거예요. '이거 무슨 일이 있구나, 이게 보통 심각한…'. 남자들은 금방 캐치를 하잖아요. 엄마들보다는 빠르잖아요, 사고에 대한 거는. '어? 이거 이상하다?' 그래서 일하던 것 모두 다 팽개치고 학교로 가보니까는 "단원고 학생 전원 구조" 그렇게 나오더라고요. '아, 다행이다. 전원 구조돼서 다행이다' 그래서 애가 물에 빠져서 옷이 젖었을 것 아니에요. '아, 그러면 애가 놀랐으니까 빨리 가서 애를 옷을 사서 입혀서 데리고 와야 되겠다, 놀라니까' 그랬더니 미지 엄마가 같이 다시 학교 왔다가 다시 집에 와서 고새 왔는데 학부모들이 수천 명들이 모여 있는 거예요. 그때는 버스가 오는데 너무 사람들이 많으니까 줄을 서도 금방 차고 금방 차고 그랬는데, 내가 그 아침 일찍 가도 네 번째 버스를 타고 갔어요, 네 번째 버스. 네 번째 버스 타고 가는 도중에 바깥에서 연락이 들어오는 거예요. "아, 형님 이거 뭐가 잘못됐는데요, 단원고 학생 전원 구조가 아니라는데요", "야, 인마. 무슨 소리야. 이 자식아 거짓말하지 마. 이 시키야, 나 지금 우리 딸 데리러 가는데" 이렇게 가면서 내려가는데.

면담자   그 말을 하신 분이 누구셨나요? 알려주신 분이?

미지 아빠   우리 지인들 바깥에서 인터넷 보고 뉴스 보고, 우리는 버스 안이니까 소식을 못 듣잖아. 다 티비도 끄고 조용한 분위기에서 내려가니까 못 듣잖아. 그러니까 전화 계속 받고 가는데, 어디 군산 정도 내려갔을 땐가 군산휴게소 지나갔을 땐가, 그때 첫 번째 시신이 올라오는 걸 그걸 방송을 한다고 누구 부모님 여기 계시냐고, 그래 가지고 있다고 그랬더니 애가 시신으로 올라왔다고, 그러니까 전부 다 놀라는 거지. 다 전원 구조라는데 왜 시신이 올라와. 그래서 '저 부모는 안 됐다. 애가 죽어서' 그런 마음을 가지고

미지 아빠 유해종

간 거잖아, 전부 다 구조니까. 그러면서 그 부모는 거기 내려서 다시 앰뷸런스 차 타고 가고 우리는 쭉 내려가는데, 자꾸만 어디야, 고인돌휴게소 지나가니까 "아, 형님 이거 너무 많이 차이 나는데요. 너무 많이 차이 나는데요" 그러더라고요. 70명, 80명 구조고 전부 다 150명 구조라고 이렇게 나오고 나머지는 지금 물속, 배 속에 있다고 그런 소리도 있고, 그러니까 마음이 더 초조해지잖아.

진도체육관에 내렸는데 애들이, 생존자 애들이 담요 쓰고 저쪽 귀퉁이에서 이렇게 있더라고, 쫙. 그런데 쟤네들은 안 보이는 거잖아. 생존자 현황판만 보고. 거기는 너무 많은 사람들이 쫙 많이 몰리니까 볼 수가 없잖아요. 그래서 줄을 서서 조금씩, 조금씩 찾는데, 우리는 그때 사람들이 너무 많아서 그거보다 저기 뒤에 있는 애들한테 물어보니까, 미지가 어떻게 됐냐고 하니까 살았다고, 저기 뒤에 어디 있다고 그러더라고요. 그런데 암만 찾아도 없어. 어느 정도 그 현황판 사람들이 보고 나서 자리가 비더라고. 그때 글씨를 봤는데 이 글씨가 안 보여. 다 까맣고 하나도 안 보여. 눈이 뒤집히면 안 보이더라고. 그래서 손가락으로 하나, 다 있으니까 하나하나 다 짚으면서 이렇게, 이렇게, 이렇게 (가리키는 손동작)…. 그런데 없어. 그때서부터 거기에 온 부모들이 자기 정신들이 아니지. 진도체육관, 정부 기관에서 나온 애들 책상을 쫙 깔아놓고 있더라고. 그때서부터 난리가 나는 거지.

의자 팽개치고 욕설하고, 너희들 개새끼들 왜 여기서 뭐 하는 거냐고, 왜 새끼들 가서 안 꺼내냐고. 가서 지금 하고 있다고 한다고 그러면 진도체육관에서 급하니까 또 팽목항으로 간다고. 팽목항으로 가면 부스 하나 조그만 것 있고. 경찰 해경 애들 나와 있으면 가서 이야기를 하면, 왜 안 들어가냐고 하면 다 하고 있다고. 지금 헬리콥터가 몇백 대, 잠수부가 몇백 명, 배가 몇백 척 다 있다고, 지금 있다고. 그래서 우리는 거기서 다 믿었죠, 100프로 믿었지. 그런데 부모들이 마음이 저리니까 자기들이 우리가 현장 가자고. 배도 안 내줘요, 그때 당시에는. 그래서 민간인 배 타고 나가서 그때 한 열 몇 분 정도 갔었거든. 그런데 아무것도 없고 배 한 척만 덩그러니 있는 거야.

면담자 근처까지 가신 거예요?

미지 아빠 거까지, 사고 현장까지. 그러니까 눈이 더 뒤집히지. 그때는 거기도, 팽목도 난리가 나는 거죠. 그러면 어느 누구 하나 책임질 말을 아무도 안 해요. 지금 하고 있습니다. 여기서 무전을 하고 여기서 이야기를 하면, 다 이쪽에서는, 그냥 여기서 왜 안 하냐 그러면, 그쪽에서 하고 있습니다 연락 오고, 그것만 왔다 갔다 이야기만 주는 거예요, 아무것도 안 하면서. 그리고 신문 보도상으로 그 말을 그대로 가져다 보도를 하는 거야, 우리 부모들은 아닌 것 뻔히 아는데도.

그러니까 미치는 거예요. 기자를 붙잡고 가가지고, 데려가 가지고 같이, "너, 여기서 있던 내용 고대로만 보도해, 보태지도 말고 빼지도 말고". 자기 목숨을 바쳐서 한다고 그래요. 내가 이것만큼은 꼭 하겠다 그래서 가서 다 촬영을 해요. 그러면 나와, 그런데 그게 바로 떠야 되는데 안 나와. 그 내용은 전혀 없고, 구조 몇백 명, 잠수부 몇백 명, 이것만 나와. 그러면 걔 붙잡으러 가면 없어요, 도망가서 없어. 거기 있으면 걔 죽잖아.

그러다 우리나라가 한 게 아니고 외국에서 그 방송을 처음으로 터뜨린 거예요. 그리고 터뜨리니까, 인터넷 SNS 그게 올라오니까, 정부가 그때서 놀란 거지. 그때서 이제 조금씩, 조금씩 보여주는 거지. 대한민국이라는 나라가 이래요. 진짜 들끓는 마음은 어떻게 표현할 수가 없어. 진짜 자식을 눈앞에서 저기에 있는데 못 들어가는 게.

면담자 그때 가셨을 때 해경이 주변에 많이 있었나요? 아니면….

미지 아빠 123경정밖에 없었지. 123경정하고 모터보트 고무보트 몇 대 돌아다니는 거. 걔네들 왜 돌아다니냐면 시신이 부양해서 올라오니까 구명조끼 입었으니까 올라오잖아요, 그거 건지느라고. 걔네들 들어가서 작업하는 거 하나도 없어요. 그거 전부 다 떠서 올라온 애들이에요. 한 4~5일까지만 다 떠서 올라온 애들이고, 그 다음씩부터 조금씩 들어가서. 그것도 완전히 들어간 것도 아니야. 그 뱅뱅 돌다가 위에 있다가 애들이 구명조끼 입었으니까 다 뜨잖아요. 사람이 죽으면 뜨잖아. 그때서 올라온 것 건져놓고, 그리고 처음에 저 40킬로인가에 거기 정도 가서 하나 건졌나 그랬어요.

면담자 40킬로 떨어진 곳에서요?

미지 아빠 그 일반 그물 친 데서 걸린 거야. 그물 친 데서 걸린 건데, 그 동네 사는 어부가 그물을 건져오면서 연락을 했대요. 사람이, 한 사람이 있으니까 와서 빨리 가지고 데리고 가라고. [해경이] 오지도 않더래, 오지도 않더래, 며칠 동안. 그 어부가 너무 답답해서 얘기를 한 거지. 그런데 이게 밀물 썰물이니까 왔다 갔다 하면 물이 계속 돈다네요. 그물에 걸려서 얼굴이 살이 하나도 없고, 머리도 이만큼도 없고, 다 그랬다고 그러더라고요. 그러니까 너무 놀래가지고. 그게 우리 반 애거든. 그때부터 눈이 뒤집힌 거지, 또. 정부가요, 진짜 하나라도 진실하게 이야기해 주면 유가족들이 그렇게 억울해하지는 않았어요.

8
진도체육관에서의 생활

미지 아빠 내가 미지가 안 나와서 한 20일째 정도 되니까는 체육관에 자리가 뜨니까 이만큼 다 찼던 자리가 다 빠져나가고 없어. 다 빠져나가고 조금밖에 없으니까 이 마음이 나도 모르게 욱 뜨고 미치겠더라고. 그때서부터 별의별 생각이 다 드는 거예요. '혹시 내 새끼 유실? 만약에 유실되었으면 어떻게 할까, 어디 가서 찾지? 이거 못 찾는 거 아니야' 이런 생각 저런 생각 무지하게 들었는데 그때서 안 되겠더라고.

진도 군청에 가가지고 상황 보는데, 가서 아침 9시마다 들어가서 싸우는 거예요. 정부 기관 19개 부처 있는데 들어가서 회의하는데 싸우는 거야. 그때 해수부 장관, 서해청장, 복지관에서 다 있더라고. 장관들이 거기서요, 그때 당시만 해도 우리가 욕을 해도 그 사람들 다 고개를 숙이고 있었어요. 어느 누가 나서는 사람이 없었어. 내가 해수부 장관한테 "장관님 어떻게 할 겁니까? 내 딸, 저쪽에 좌현 쪽에 거기 들어가 있는데 왜 그쪽은 안 들어갑니까?" 그러니까 그때 당시 해수부 장관이 [말하기를] 잠수부들이 그렇게 이야기를 해주더래요. "그쪽에는 지금 넘어가니까 위험해서 못 들어간다". 아니, 그 말은 나온 지가 벌써 언제냐고 그러면, 다른 방안이 있고 대책이 뭐 있냐고 물어보면 아무도 내놓지 않아요. 누가 책임지지도 않고, 아무도 안 내놔요. 우리 그때 당시 "그럼 도면이라도 가지고 와라" 그런데 도면도 안 갖다 줘요, 일급비밀인지 뭔지. 그래서 생난리를 치고 이 개새끼들 다 때려 죽여버린다고 막 난리를 치고 그러면 그때서야 도면 하나 갖다주고, "창문과 창문 사이 절단해서 들어가라" 그러니까 절단해서 들어가는데 잠수부가 사고가 났잖아. 잠수부가 죽었단 말이에요. 그러니까 또 매스컴에 타니까 또 어느 놈이 하나 또 나서는 놈이 또 없어요.

미지 아빠　　　그래서 23년째, 23일째 되는데, 다시 거기 말고 또 다른 데 유리창 깨고, 그러면 다시 그쪽으로 들어가라 그러는데, 들어가는데 28일째인가 정도 바람이 많이 불었어요. 그런데 그 SP2라는 데서… 원래 미지가 SP1이거든, 지금 은화하고 미지가 SP1에 있었는데 거길 못 들어갔잖아. 한 번도 못 들어가서 지금까지도 못 들어갔단 말이에요, 그 자리는. 그래 갖고 가는데 SP2라는 데 거기 방은 한 수백 번도 더 들어갔다 나갔다 했어요. 찾았다고 다 찾았다고, 아무것도 없다고 그랬었거든. 그랬는데 28일, 29일 날 정도, 29일 만에 거기서 시신이 이쪽에서 남자 셋, 아니 남자 둘 여자 셋이 올라왔어.

　　브리핑이 현황판에 왔는데 SP1 복도에서 하나 건져 왔다고 그러더라고요. 그래서 서해청장 멱살을 잡고 "애 SP1 어디서 붙잡아 왔어, 어디서 데리고 나왔어" 그랬더니 옛날에 거기 갔을 때 문틈에 끼어 있었다고 그랬거든요, 문틈에. 그런데 남학생 엄마, 아빠가 가면 여학생이라고 그러고, 여학생이 가면 남학생이라고 하고 이랬었거든. 그러면 "너네들 꺼내 온 위치가 어디야 짚어봐" 그랬더니 SP1 복도를 지나서 이만큼 들어가서 여기서 표시해 주더라고요. 그래서 서해청장 멱살 잡고 "너 여긴데 왜 여긴 왜 못 들어가. 여기서 꺼냈다면서 왜 못 들어가!" 그랬더니 나중에 실토를 하더라고. "여기서 데려온 게 아니고 문에 있던 애 데려왔습니다". 그러니 "왜, 이 시부럴 새끼야 왜 똑바로 이야기를 안 해 왜, 거짓말을 시켜 지금. 너네들 보는 심정, 마음을 알아?" 막 붙잡고 "죄송합니다. 잘못했습니다" 이래요.

미지는 그쪽에서 나온 게 아니라 SP2에서 건져왔다고 그러더라고요. 그래서 또 붙잡고 생난리를 쳤어. "야, 너네들 여기 수십 번 수백 번 골백번 다 들어갔다는데 왜 여기서 데려와. 똑바로 말 안 해?" 그랬더니 "그럴 수도 있다"고 이야기를 하더라고요. "이게 뭐에 눌렸다가 바람이 많이 불고 하니까 소용돌이가 치면 뜰 수가 있다" 그러더라고요. 우리가 눈으로 보질 못했으니까 믿을 수밖에 없는 거잖아요. 그날 미지하고 우리 반 예은이라는 애하고 같이 올라왔거든요. 걔들 1학년 때 같은 반이었는데 둘이 올라왔는데, 시신은 똑같이 올라왔는데 확인을 해야 되잖아.

미지 엄마는 동생 학교 보낸다고 이틀 전에 먼저 올라와 있었고, 그런데 아빠는 딸내미하고 이렇게 많은 속 이야기 같은 거 잘 모르잖아요, 그죠? 컴퓨터상으로 사진 보고 미지 엄마하고 통화를 하면서 "야, 미지 엄마야. 〈비공개〉 이게 맞냐?" 그랬더니 맞대. "그러면은 속옷은 〈비공개〉 입었는데 이게 맞냐?" 그렇게 하면서 〈비공개〉 입고 갔다고 했더니, 그랬더니 맞대. 그러면 엄마가 70퍼센트는 확인을 해준 거잖아, 엄마 감적으로. 우리 딸은 오른쪽에 무릎에 보면 한 2센티가량 점이 있어요. 다 보이는 데는 없어졌다고 그러지만 옷 속에 있는 데는 그냥 있다고 그러더라고. 그래서 그 사람한테 가서 물어봤지. 내 딸은 확실한 게 오른쪽 무릎에 보면 2센티가량의 점이 있다. 그것 확인 좀 해달라 그랬더니 갔다 오더니 맞다고 그러더라고요, 맞다고. 그러는 순간 나도 모르게 어떻게 되었는지 깜빡 했더라고요.

면담자   기억이 안 나시는 거예요? 쓰러지셨어요, 아버님이?

미지 아빠   (끄덕거림) 그래서 한참 있다가 추슬러서 시신보관함에서 들어오는 데가 있거든. 팽목항에서 쫙 부스가 있는 게 저쪽에서 배에서 내려서 거쳐서 내려오는데, 그때 당시에는 관에다 놓지를 않고 시신을 천 이런 데다 올려놓고 물 빠지라고 된 데가 있어. 바닥이 아니라 하얀 천으로 딱 덮어놓고 머리만 이 밑으로 빠지는 게 딱 보이더라고, 저쪽에서 보니까는. 여기서 관리하시는 분이 그러시더라고. "아니, 아버님 죄송합니다. 따님을 평소에 좋은 모습만 기억하시는 것이 좋을 것 같습니다" 그래요. 그때 당시에는 그런 것도 같았고, 그러니까 하다 보니까 그렇게 됐는데, 우리가 [진도체육관에서] 있던 자리에 보면은 나, 미지, 현철이, 은화, 양승진 선생님, 이렇게 있었다고. (면담자: 같이요?) 같이. 이렇게 있어요, 이렇게. 나하고 현철이, 은화, 요 앞에 양승진 선생님. 그러니까 현철이하고 나하고 은화하고, 현철이네는 아들이잖아. 미지는 딸이잖아. [현철 아버님이] "형님, 우리 영혼결혼식 시킵시다". 그때는 서로 똑같은 입장이니까 농담도 "미지가 반장이니까 애들 다 데리고 같이 올라갑시다". "그러자, 미지가 또 애가 오지랖이 넓어서 다 그렇게 할 거야". 이렇게 서로 다 위로하면서 그리고 며칠을 보냈지.

그런데 애들이 올라오고 나니까 확인을 하고서 체육관에 가서 짐을 정리를 해야 되잖아요, 짐을. 다 같이 있는데 나는 들어가지도 못했어. 들어갈 수가 없어. 그 사람을 볼 수가 없어. 똑같이 동고동락하면서 그렇게 이야기하다가 내 새끼만 어느 날 나와서 나만 쏙 나온다는 게 너무 미안하더라고. 같이 어깨동무하면서 싸우고 그랬는데 내 딸만 딱 데려오니까 너무 볼 수가 없고 미안하더라고. 그래서 나는 못 들어가고, 우리 처형이, 처형하고 나하고 둘이 있었거든. 처형이 가서 짐 정리하라고 하고 나오는데, 현철이 아빠하고 은화 엄마가 어깨 툭툭 치면서 축하한다고. 아니, 그 자리에서 축하한다는 말을 들어야 되냐고, 그 와중에서도.

그런데 그 부모들은 그렇게 말을 할 수밖에 없지. 자기 새끼는 안 나오고, [내 새끼는] 나왔으니까 우선 축하한다고. 그 축하한다는 말 듣는 그 순간에는 가슴이 미어져요, 미어져. 똑같이, 같이 올라가야 되는데 내 새끼만 나와서, 다행이지만은 나는 다행이지만은, 남은 사람들 얼마나 가슴 졸일까. 그거 늦게 남아보지 않은 사람들은 그 심정을 몰라요. 자리가 하나 하나 없어질 때마다 살이 찢어지고 피가 거꾸로 솟아요.

면담자   한 달 내내 거기 계신 거예요? 중간에 올라오시지는 않으셨어요?

미지 아빠   올라올 수가 없어. 당장 그리운 건 새끼인데 어디 갈

여력도 없고 생각도 없고 오로지 새끼만. 그러다가 내 새끼 찾으러 와서 보내러 와서 며칠 있다 체육관을 왔는데, 어떻게 그 사람들 얼굴은 봐야 되잖아, 먼저 가서 미안하다고. 참 그런 말도 해서는 안 되는데, 미안하다는 말을 해⋯. 그러면 그 사람들은, 아이 괜찮다고, 먼저 가서 축하한다고. 이런 말을 왜 애를 보내고 나서 그런 소리를 들어야 하는지 그 이유도 알 수도 없고, 그 듣는 자체가 너무 화가 나더라고. 그러다가 같이 그 사람들하고 그 군청에 가서 얘기를 하니깐요, 우리는 벌써 또 유가족이라고 씨알이가 안 먹어. 고개를 빳빳이 들고 "애를 찾아갔는데 왜 와서 그러시냐"고 그런 말을 해. (면담자: 아 그렇게 말했어요?) 어, 그렇게 말을 해. 와, 무서운 세상이야. 이야기를 하면, 그냥 나가시라고(한숨). 그리고 참⋯ 그러니까 이놈의 정부가 너무 싫은 거야. 그 언론인 앞에서 다 해줄 것처럼 다 얘기해 놓고서는 언론만 딱 끝나고 나면 나 몰라라 하고. 지금 이런 세상에 우리가 살고 있어요. 지금 눈 뜨지 않은 국민들이 너무 많다는 거예요, 언론만 믿고. 우리도 그랬으니까, 우리도 사고 나기 전에는 언론만 믿고 살아왔으니까.

10
4·16 이전의 선거 참여, 그리고 4·16 이후 정부에 대한 심경

면담자　　　　혹시 그 전에는 정부 지지하거나 그러신 편이셨나요? 투표 자주 하시고?

미지 아빠   투표는 한 번도 안 빠지고 했습니다. 이날 이때까지 투표는 계속했어요. 왜? 나도 국민이니까, 그 한 표가 소중하니까. 그랬는데 이 사고를 나고 보니까 정부를 믿을 수가 없고 언론을 믿을 수가 없더라고. 그러니까 이 언론이 너무 정부한테 장악을 당해서 거짓 보도를 하니까는 국민들이 눈이 멀고 귀가 먹고 벙어리가 되고 있는 거죠. 이것을 빨리 깨우쳐야 되는데 참 할 일은 많은데 큰일 났습니다, 어떻게 해야 될지.

2회차

2015년 11월 22일

1

시작 인사말

면담자   본 구술증언은 4·16 사건에 대한 참여자들의 경험과 기억을 기록으로 남김으로써 이후 진상 규명 및 역사 기술에 기여하고자 합니다. 지금부터 유해종 씨의 증언을 시작하겠습니다. 오늘은 2015년 11월 22일이며, 장소는 안산시 기억저장소 사무실입니다. 면담자와 촬영자는 박여리입니다.

진도체육관 상황

면담자   소식 들으신 이야기까지는 저번에 해주셨는데, 처음에 내려가셔서 어떻게 지내셨는지 기억나시는 대로 차례대로 말씀해 주세요.

미지 아빠   그때 소식받고 내려가면서 체육관에 도착을 했었죠? 그때까지만 해도 저희 딸은 당연히 생존했을 거라고 믿었죠. 왜냐하면은 미지가 그렇게 엄마하고도 통화했고 나왔다고도 이야기했으니깐 당연히 아, 생존했을 거라고 생각하고 내려갔죠. 그래 내려갔는데 생존 학생들이 체육관 한쪽 저 귀퉁이에서 담요를 뒤집어쓰고 있을 때 가서 물어보니까 "어디 있을 겁니다, 뒤에 어디 있을 거예요" 그렇게 답을 줘서 찾았는데 눈에 보이지가 않더라고요.

'어? 분명히 생존했다는데, 왜 없지?'라고 생각하면서 찾아 헤맸죠. 그러다가 안 보여서 그 상황, 그 명단에 보면 생존자 명단이 쫙 적어 있더라고요. 근데 그거를 봤을 때는 너무 사람들이 많으니까 볼 수가 없었어요. 좀 있다가 찾으러 돌아다녔다가 사람이 좀 한적한 데서 가서 보니까 그 앞에 글씨가 저렇게 현황판에 있는데, 글씨가 큰 데도 그게 눈에 안 들어와요, 안 보여 컴컴하고. 그래서 하나하나 짚어가면서 확인을 해봤죠. 그런데 저희 딸애 이름이 없더라고요, '아, 이거 뭔가 이상해졌구나…' 분명히 살아 있다는 애가 현황판에 생존자 명단에도 없고 보이지도 않고, 뭐가 이상하다고 생각하며 그때서부터 들뜨기 시작했죠. 그때 체육관 안에는 정부 관계 부서들이 많이 나와 있었어요.

면담자   어떤 부서가 있었나요?

미지 아빠   그때, 지금 와서 생각을 해보니까 아마 시청 직원이 많았었고, 안산에서도 내려갔고, 진도 군청 직원들도 있었고, 그리고 해수부… 아마 그런 것 같애. 그 수많은 학부형들이 그 사람들을 붙잡고 욕설을 해대가며 기물을 파괴해 가면서 왜 너네들은 여기 있느냐고, 빨리 애들이 저 물속에서 가라앉고 있는데 빨리 왜 구하지 않느냐고, 라고 소리치며 난리가 났었죠. 카메라 기자들은 그 사진을 찍느라고 쫓아다녔고. 그러면서 한참 실갱이 치는데 어느 누가 나서서 하는 사람은 없어요, 그 누가 책임지려고 하는 사람도 없고, 전부 다 남의 일 보듯이 하더라고. 그럴 때 진짜 눈알이

돌더라고요. '내 새끼는 저 바닷속에서 가라앉고 있는데 이 새끼들은 여기서 뭐 하고 있는 거지?' [그 사람들에게] 이야기하면은 "하고 있습니다, 합니다"라고만 이야기하고, "매뉴얼은 어떻게 되어 있냐"고 물어봐도 대답하는 사람도 한 사람도 없고, 그렇게 싸우기 시작을 했죠. 그래 싸우고 하루, 그날 저녁에 저는 체육관에 있다가 팽목항으로 나갔죠.

3
팽목항 상황

미지 아빠　　　팽목항으로 갔는데 거기 역시 사람들이 인산인해더라고요, 정말로 발 디딜 틈 없이. 학부형들이 이리 몰려다니고 저리 몰려다니고, 가는 길에 부처 사, 직원들하고 싸우고. 그 사람들이 하는 말이 똑같애. "지금 하고 있습니다". 잠수부가 몇백 명, 배가 몇백 척, 비행기가 몇수십 대. 그래서 그걸 우리는 다 믿었죠. 저렇게 많은 잠수사들도 있고, 배들도 백 척 있고, 비행기도 헬리콥터도 저기 있으니까 타고 갈 것이라고. 그래서 그런 줄만 알고 있는데 어느 학부모가 그러더라고요. 우리는 또 마음이 조급해서 "안 되겠다. 일반 배라도 빌려서 우리 현장에 나서보자" 그래서 그때 아마 어느 누가 학부형이 배를 빌려서 몇 분이 아마 나갔다 왔어요. 많은 숫자는 정확히 모르고 한 열 명? 열두서너 명 정도, 아마 첫 번째 나갔다 왔더라고요. 그런데 갔다 와서 하는 소리가 뭐라고 하냐면 "아무것도 없습니다. 배 한 척 달랑 있습니다"라고만 대답하더라고요. 그 소리를 들으니까 또 우리 학부형들은 눈이 뒤집히는 거죠. "이 개새끼들아 잠수부가 몇백 명, 배가 몇백 척 뭐다 있다는데 다 어디 갔느냐" 그러면, 그때 당시에는 지나서 좀 생각이 나는데, 서해청장이 그때 있었더라고요. 그때 당시에는 누가 누군지 몰랐어요, 나는. 서해청장이 있었고, 과장이 있었고, 부장이 있고 그런데, 그 사람들한테 하면은 과장, 과장이 제일 앞에 나가서 "지금도 하고 있습니다, 걱정하지 마십시오, 다 구출할 겁니다" 이렇게 하고, 그 위에 사람들은 안 보여, 어디 가 있는지. 갔다온 사람들이 막 난리를 치면은 또 싹 숨어요, 어디로, 빠져 있어. 밑에 있는 말단 애들만, 말단 애들만 연락을 하는 거죠, 무전기로 그쪽으로. 그러면 "지금도 하고 있습니다, 합니다" 이렇게 대답하더라고요. 그거 지금 다시 생각하자니 속에서 울화가 치밀고 분노만 느끼는데, 그래도 뭐 할 거 해야죠. 그러다가 첫 번째 시신, 여자분이 올라왔어요. 세 명인가 왔어, 세 명. 방송을 하더라고 시신이 지금 세 구가 들어왔는데….

면담자   그게 언제쯤이었나요?

미지 아빠   그날 저녁이죠. 시간은 몰라요, 하도 다급하고 정신이 없어서. 해가 넘어갔으니까는 뭐, 한 일고여덟 시는 됐겠죠? 그래놓고 가는데, 그때 사람들이 많으니까, 남학생, 여학생 다 똑같으니까 자기가 먼저 가서 볼라 그러고 그래서 아수라장이 돼요. 그런데 어느 부모가 그렇게 이야기를 하더라고. "남학생이 올라오면 남학생 반이 가고, 여학생이 올라오면 여학생 반만 가자". 그렇게 만 해도 좀 인원이 많이 추려지잖아요. 처음에 여학생이 올라와서 여학생 세 명이 올라왔다고 해서 제가 미지가 딸이니까 그래서 갔 는데, 그 올라와서 딱 그때 당시에 그게 아마 앰뷸런스? 이렇게 침 대에 거기 누워 있는 거 같은데, 꼭 완전 자는 모습이에요, 딱 봐 도. 그때 당시만 해도 입에서 거품 같은 게 나왔었거든. 어느 부모 는 자기 딸도 아닌데 얼굴을 이리 쓰다듬어보고 저리 쓰다듬어보 고 그러니까 뒤에 사람들이 소리를 치는 거예요. 니 새끼 아니면 빨리 나오라고, 뒤에 사람들이 빨리 나오라고 그래. 그 사람이 한 참서 보다 또 나오고 그러다가 어느 정도 갔다 보니까 내 차례까지 왔더라고요. 가서 보니까는 제 딸은 아니고 진짜 저렇게 잠든 모습 이 진짜 깨워서 데리고 갔으면 좋겠다라는 생각만 하고….

그날은 세 사람은 보고 저는 다시 왔다 갔다 하는 거죠, 어떻게 할 수가 없으니까. 육지 같으면 내가 가서 직접 가서 구해라도 할 텐데 바닷속이니까 들어갈 수도 없고, 그러니까 발만 동동 구르는 거죠. 관계 부처 가서 이야기하면 "지금도 하고 있습니다. 최선을 다 하고 있습니다" 이런 말만 하고, 늘 하니까, 똑같은 말만. 나중 에 너무 짜증이 나더라고요, 그 말만 하니까는. 어느 한 사람이 책 임을 져서 매뉴얼대로 "이렇게, 이렇게 하고 있습니다" 이렇게 딱 딱 이야기하면 속이라도 시원한데, 우리가 가서 물어봐야 "합니다, 하고 있습니다" (한숨) 또 그런 말이 들어오는 거야.

잠수사들이 밤에 야간작업을 해야 하는데 불빛이 없다고 그러더라고. 그래서 조명탄이라도 쏘라고 그래, 조명탄도 뭐 수백 발, 수천 발 쏜다고 말은 해요. 첫날은 한 몇백 발은 쏜 거 같애, 첫날은. 그러니까 4월 16일 날 저녁이지. 그날은 몇백 발, 한 늦게까지 작업을 했었으니까는, 한다고 그랬으니까는 불빛이 보이더라고. 그래서 저기서 빤짝하는 게 보이는데, 그다음 날도 또 해야 하는데 그걸 안 하고 있어요. 그러면, 왜 안 하나 그러면 제주도에서 이걸 가지고 오는 데 시간이 걸린다, 어디서 와야 되는데 시간이 걸린다, 이렇게 핑계만 대니까. 나중에 실상을 보니까는 그것도 안 해, 임시로 한 것 같애. 처음에만 몇 개 해놓고는 전부 다 말로만 한 것 같더라고. 그다음 날, 그다음 날도 또 방송이 나오더라고, 몇 구가 올라왔다, 몇 구가 올라왔다 그러더라고. 그날도 가서 밤에도 한숨도, 한 잠도 못 잤죠, 3일 동안은. 그거에 애 찾느라고 정신이 없으니까 잠도 안 오고. 그때 또 비가 부슬부슬 왔었어요. 옷은 다 젖고 그랬는데 그때 당시에는 옷 젖더라도 추운 것도 모르고 오로지 새끼밖에 눈에 보이지 않았으니까.

3일 날까지는 제가 밤을 꼴딱 새웠는데, 3일이 지나니까 못 버티겠더라고요. 그래서 팽목항에서 다시 체육관으로 와서 거기서 한숨 자고 그러고 있다 다시 오면은, 애 비슷한 애들만 올라오면은 "여학생 누구 긴 머리" 이렇게 이야기를 해주면은 무조건 달려가는 거죠, '혹시 내 새끼가 아닐까'. 그렇게 하고 반복을 하듯이 열흘이 지나, 열흘이 지나기 전에 이틀 밤까지 됐는데, 바깥에서 카카오톡

60

미지 아빠 유해종

이 날아온다고. "2학년 1반 반장 외 몇 명 휴게실에서 지금 매달리고 있다" 그러니까 뭐 거기 있던 학부형들이 더 난리를 치는 거죠. 애는 살아 있는데 왜 안 구하냐고 그러니까, 3일째 되는 날에 우리 목사님이 오셔서 그러시더라고요. 듣기는 좀 죄송스럽지만은 애들은 살아… 있는 애들이 없을 거라고. 그래, 왜 그러냐고 그랬더니만, 바다에 가라앉으면 저체온증으로 죽든가, 바닷물을 많이 못 먹는다고 그러더라고. 민물 같으면 물을 많이 먹는데, 바닷물은 한 모금밖에 못 먹고 바로 숨을 거둘 수 있다고. 에어포켓 같은 것도 없다고. 그러니까 우리가 그냥 뭐 임의적으로 생각을 해도 물속에 들어가서 어떻게 3일씩 생존할 수 있겠어요. 그때는 3일 때 지나서부터는 목숨은 끊어졌다고 생각을 해서 빨리 애를 데리고 찾아서 올라가야겠다는 생각밖에 안 들죠.

그러다가 한 4일, 4일째, 5일째 되는 때에 애들이 많이 나왔어요. 그것도 걔네들이 구한 게 아니라 구명조끼를 위에 입었으니까 이렇게 부양해서 올라오는 거야. 그렇게 부양해서 올라오면 걔네들이 고무보트가 수십 대가 돌아다녔었거든요. 왜냐면은 올라오는 애들을 건져야 되니까. 그때 내가 나갔을 때도 많았었어. 나도 그때 나가려고 나간 게 아니라, 우리나라에 크레인 업자가, 배 크레인 업자가 큰 걸 가지고 있다고 그러더라고. 그래서 저 배를 어떻게 더 이상 가라앉지 않게 붙잡을 수 있게 해야 된다고 나간다고 그러더라고. 누가 대표로 나가서 나하고 그때는 여섯 명이 나갔는데, 진짜 부모는 나 혼자고 삼촌, 이모 이런 사람들만 나갔었어요.

그때 누가 누군지 모르거든, 전부 다 엄마, 아빠라고 그러니까는. 나중에 알고 보니까 그러더라고. 그러다가 갔다 와서 그 크레인 업자하고 이야기를 했더니마는 지금은 그때 당시에는 해수부 장관이 아마 이주영인지 서해청장인지 하튼 경찰청장인지 그 누구하고 만나서 이야기를 한다고 그러더라고. 갔다 오고 나서 바로 그걸 우리한테 이야기해 주는 게 아니고 그렇게 이야기를 하더라고. 그거를 그래 갔는데 고무보트가 수십 척이 돌아다니더라고. 그래서 물어봤더니 이야기를 해주더라고. 애들이 구명조끼 입었으니까 부양해서 올라오면 건져야 된다고. 그런 줄만 알고 나왔죠. 그날도 애들이 수십 명, 수십 명 정도 올라온 거 같애. 그날도 비슷한 애가 왔는데 아니고 그래서…(한숨).

그러다가 5일이 지나 일주일이 지났는데 그때 되니 좀 몸이 달더라고요. 아이고, 내 딸도 빨리 나왔으면 좋겠는데 안 나왔다고. 그래도 열흘이 지나도 안 나와. 그때 더 마음이 조급해지더라고. 체육관 자리는 하나하나 자리가 뜨니까, 그 수많은 사람들을 꽉 채웠던 체육관이 자리가 비니까 휑해져. 또 마음은 또 초라하고 불안하고 어떻게 할 수가 없더라고요…. 보름도 지나서 안 나오고. 보름 정도까지 지나니까는 그때는 내 자신의 생각이 온전하지가 않더라고. 근데 가만히 생각을 해보니까는 앞에 나와서 선봉 섰던 사람들은 애들이 빨리 나오는 것 같애. 싸우고 이렇게 돌아다녔던 사람들은 다 찾아갖고 올라간 거 같애. '어? 이거 내가 가만히 있어서 우리 딸이 안 나오나?' 그러다가 '아이씨, 안 되겠어' 나도 한 15일 지나고선 내가 2학년 1반 같은 반 애 엄마랑 같이 다니면서 그때는 군청에 상황 본부가 있었거든요. 그 정부 관계 19개 부처 거기 들어가서 매일 회의하고 그랬었거든. 아침 9시만 돼도 맨날 가서 싸우고 그러는 거죠. 그때 당시에도 들어가서 싸우고. 그랬을 때는, 우리 그때 실종자 가족이었었지, 실종자 가족이 소리쳐도 어느 누가 하나 고개 뻣뻣이 드는 사람이 없었어요. 왜? 자기네들이 못 했으니까는.

우리 딸이 안 나오는 방이 SP1이거든. 걔가 거기 숙소를 배정을 받았는데 배가 넘어져서 좌현 쪽이야, SP1이야. 그래서 바닥이란 말이야. 거기 들어가서 작업을 했냐고 물어보면 작업을 못 했대. 왜 안 했냐고 물어보면 지금은 위험해서 못 하고 있다고 그러더라고. 그럼 언제 작업을 할 거냐 그랬더니 대답을 안 해요. 대답을 해야 우리가 속 시원히 아는데 아무 대답도 안 해. 그러면 너네들은 어떻게 할 것이냐 그래도 대답도 안 하고, 그럼 이건 누가 책임질 거냐 그랬더니 대답도 안 하고, 그래서 도저히 안 되겠어요. "너네들 도면 좀 갖다 달라고, 디테일 도면이라도 있으면 어디가 좀 작업을 하면 수월한지 볼 수 있게 좀 갖다 달라" 그랬더니 안 갖다줘요. 처음에는 그것도, 그것도 무슨 일급비밀인지 안 갖다주더라고. 그러면 집기를 패대기치고, 너네 때려 죽여버린다, 이 개새끼들아, 왜 도면도 안 갖다주냐고 왜 우리가 달라는 것도 안 갖다주냐고 그러다 보면 그날은 안 갖고 와. 그다음 날 또 갖고 와요, 그러면. "그렇게 도면을 갖다줄 거 왜들 안 갖다주냐"고 난리 치면은 "죄송합니다. 미안합니다" 이 소리만 계속하고 그래. 도면을 가져와서 도면을 보니까는 창문과 창문 사이에는 절단을 하면 SP1, 우리 딸 미지 있는 방까지는 들어갈 수 있겠더라고요. 우리가 결정을 해주는 게 아니라 정부 관계 부처 사람들하고 갖다 놓고 회의를 해요. "우리 생각 같아서는 이렇게 하면 좋겠는데 당신네 생각들은 어떠하냐", "그 생각은 괜찮겠습니다…만" 꼭 토를 달아요, 무조건 해주는 게 아니라. "이것도 검토를 한번 해봐야 되겠습니다" 이렇게 이야기를 해요.

면담자   왜 안 되는지 이유는 말해주나요?

미지 아빠   아뇨, 전혀 이유도 없어요. 이유래도 대면은 우리가 진짜로 그걸 감안하고 생각을 하고 있을 텐데 이야기도 안 해주고 그래서 너무 답답하죠. 그래서 내가 얘기를 했죠. "창문과 창문 사이는 철판도 좀 두께가 얇으니까 절단을 좀 하고 이쪽으로 들어가는 방향으로 이렇게 해봅시다". 그렇게 잠수사들하고 그 관계 부처 사람들하고 회의를 해갖고 그렇게 결정을 봤었나 봐요. 처음에는 유리를 깨고 들어갔는데, 유리도 막혀서 못 들어가고, 그래서 거기를 따라가다 잠수사가 들어가서 절단을 하다가 가스가 차 있어서 그게 사고가 났어요. 그래서 잠수사 한 분이 돌아가셨거든. 그 일도 물거품이 됐잖아요. 우리 새끼 꺼내러 가자고 산 사람을 죽일 수는 없잖아요. 그래서 물거품이 됐다가 또다시 이야기했다가, 그래도 나도 새끼는 찾아야 되겠고, 급한 건 내 새끼니까 남 사정 볼 여력이 없더라고요, 그때 당시만 해도. 그럼 다시 방안을 강구해보자 그랬더니 화장실하고 복도 사이에도 또 창문이 조그만 게 하나 있는데, 거기 사람 하나 간신히 들어가겠더라고. 그럼 글로 들어가라고 그랬더니 알겠다, 알았다고, 그렇게라도 좀 해보겠다고 이야기를 하더라고요. 그게 날짜상으로는 25일 날 정도 됐을 거예요, 25일 날.

그날은 바람이 많이 불어서, 거기는 바람만 조금만 불어도 파도가 높아요, 물결이 세서 작업들을 못 하고 있다가 그다음 날 작업을 하는데, SP2라는 데는 잠수사들이 골백번도 더 들락날락해갖고 다 뒤졌다 그랬거든. 거의 마무리 단계니까는 "SP1하고 그거 좌현 쪽 기울어진 만큼 묻힌 쪽으로만 못 들어갔다"고 이야기를 했었거든, 처음에는요. 못 들어갔다는 소리도 안 해요. 거기서 다 들어갔다는 거야. 다 데려왔다니까 우리는 믿을 수밖에 없죠, 바깥에 있으니까, 그 안에 사정을 모르니까는. 그래서 바지선을 타고 갔는데 그 촬영한 게 있더라고요. 촬영을 했는데 시야가 잘 안 보여. 이쪽으로는 못 들어갔는데도 분명히 들어갔다고 이야기를 하길래 그 서해청장을 붙잡아다 놓고 "청장님, 보십시오. 이쪽이 이렇게 기울어졌는데 들어갔습니까?" 그랬더니 근거를 대야만 그때서야 사실대로 토로를 하지, 아무 근거가 없으면 무조건 했대요, 다. 우리 그때 당시에는 실종자 가족들은 다 믿을 수밖에 없잖아요. 우리가 직접 눈으로 목격한 것도 아니고 들어가 보지를 못했으니까.

그러다가 가면 처음에는 "SP1 쪽에 복도에 사람이 하나 껴 있다"고 잠수사가 언뜻 그러는 걸 들었어요, 멀리 [말]하는데. 그거를 며칠이 되도록 안 꺼내오더라고. 그래서 남학생 반이 가서 이야기하면 여학생이 거기 껴 있다 그러고, 여학생 반이 가면 남학생이 껴 있다고 그러더라고. 이치적으로 그때 그 당시에는 그 사람들이 이야기하면 그걸 다 믿을 수밖에 없었어요. 왜냐하면 온통 신경이 그쪽에 다 쏠려 있으니까는 믿을 수밖에 없더라고. 왜 그렇게 넘어 갔는지도 모르겠지만은 그렇게 되더라고. 가만히 생각을 해보면은 그쪽에 남학생이 들어갈 일이 없거든, 거기 여학생 방이기 때문에. 그때만 해도 그 말이 너무 화가 나는 거야.

4
미지를 찾은 날

미지 아빠   29일 날, 29일쯤 되는 날 애가 여학생 세 명, 남학생 두 명이 올라왔다고 현황판에 뜨더라고요. 그런데 키가 몇 센티, 옷 입은 거 몇 센티 하고, 거의 보니까, 두 명이 올라왔는데 우리 딸 이랑 거의 비슷해, 모든 게. 비슷해서 '아 이게 조금 느낌이 이상하 다' 그래서 체육관 있다가 팽목항으로 나갔죠. 그런데 팽목항으로 갔는데 컴퓨터에서 사진을 봤는데 나는 딸이니까 그만큼 관심이 덜하죠, 엄마만큼은. 엄마는 동생 ○○○를 학교를 보내기 위해 서 이틀 전에 안산에 올라왔거든요. 나하고 처형만 거기에 진도에 나와 있었고. 그 소식을 듣고 팽목항으로 가서 컴퓨터 앞에서 전화 통화를 하는 거죠. "미지 엄마, 미지 겉옷은 이거 입었는데 이게 맞는 거야?" 그랬더니 "어, 맞어. 대충 맞는 거 같애" 그래서 "〈비공개〉는 이 색깔인데, 어때?", "어, 그것도 맞어", 그러면은 위에는 맞는데 하의로 내려와서 "바지는 이건데, 맞어? 〈비공개〉 이건데 맞어?" 다 맞대. 그러면 엄마로서 맞는다라면 한 70퍼센트는 확신하는 거잖아, 자기 새끼 옷 입은 거니까. 우리 딸은 희한하게도 태어났을 때부터 오른쪽 무릎에 점이 한 2센티가량 되는 게 있어요. 그래서 '우리 딸이 이거 참 희한하게도 이런 걸 갖고 태어났네' 하면서, 자라오면서 더 커지지도 않고 그대로 유지하면서 있었거든요. 그 사람보고 내 딸은 확실한 거는 분명한 게 있으니까 그것 좀 확인해 봐라. 오른쪽에 무릎에 보면은 2센티가량의 점이 있을 것이다. 그때 당시에 벌써 한 달이 됐으니까 훼손이 보이는 데는 살이 없다고 이야기를 하더라고요, 보이는 데나 이런 데는. 그런데 속에는, 몸속에서 옷에 감춰져 있기 때문에 있다고 이야기를 하길래 그래서 무릎에 있으니까 그것 좀 확인을 해달라고 그러니까는 갔다오더니 맞다고 이야기를 하더라고. 맞다고 하는 그 소리를 듣는 순간 나는 정신을 잃은 건지 어떻게 된 건지 기억이 없더라고.

한참 만에 와서 우리 딸 그 저기 하얀 천을 덮어놨는데 그 하시는 분이 "아버님, 따님을 평소에 좋은 생각, 모습만 생각하시고 애를 보지 않았으면 좋겠습니다". 왜 그러시냐고 그랬더니만 "따님이 좀 늦게 나오는 바람에 훼손이 좀 됐습니다"라고 하더라고. 그러니까 그때 당시에는 왜 거기 있는 사람들이 그렇게 말이 솔깃하게 잘 들어왔는지 몰라요. 진짜로 우리 딸은 세상에 없어졌지만 '아, 평소에는 좋은 모습만 기억하는 것도 괜찮겠다'라고 생각을 했었어요. 그래서 그 세마포라는 천, 그거 하얀 천을 덮어놨는데 그 긴 머리가 축 늘어져서 땅바닥까지 떨어진 게 보이더라고. 그걸 봤는데 너무 눈물이 나서 볼 수가 없더라고요. 그것만 확인하고서 거기서 그때 당시에는 자기 딸이라도 확인을 했어도 바로 애를 인계를 안 해줬어요. 왜냐하면은 그 전에 한 서너 번을 바뀌었었거든. 그래 가지고 DNA 검사를 해가지고 맞어갖고 해야지만 보내줬거든요(한숨). 그래서 딱 우리 딸이 나온 게 한 달 만인데, 공교롭게도 나온 게 5월 15일 날 나와서 확인해서 5월 16일 날 올라왔거든요. 이상하게 16이란 숫자가 우리 딸하고는 뭐가 그렇게 연관을 지으려고 져진 게 아니라, 3월 16일이 생일이고, 4월 16일이 사고고, 5월 16일이 올라오는 날이라고. '야, 우리 딸한테 왜 이렇게 16이란 숫자가 겹쳐질까'라는 생각을 가끔은 해봐요, 그것도 이상하게.

그렇게 하고서 우리 딸을 확인을 해서 오는데, 팽목항에서 진도체육관으로 가는 거를 보는데 가슴이 너무 아프더라고요. 진짜 멀쩡하게 수학여행을 간다고 그렇게 춤추고 예뻐하는 모습, 그렇게 환한 모습을 보다가 관 속에 있는 애를 생각을 하니까 너무 화가 나고 미칠 것 같더라고. 그래서 그때 팽목항에서 체육관으로 가는 도중에 뭐 관을 붙잡고 정말 엄청나게 울었죠. 너무 눈물이 나더라고요. 우리 딸이 나랑 그렇게 자주는 많이 못 만나고 그랬지만, 이렇게 또 우리 딸이 성장기 때 아빠한테 이야기를 했거든요.

"아빠, 내가 이다음에 크면은 비행기 태워줄게". 그러면 아빠는 좋잖아요, 비행기 태워준다니까, 딸이. "그래야지 우리 딸이 비행기 태워준다는데 얼마든지 타야지". 그렇게 즐거웠던 생각이 나더라고(한숨). 그런데 팽목항에서 체육관까지 가는 게, 그 관을 붙잡고 가는데도 너무 눈물이 많이 나서 눈물 한없이 흘렸죠.

우리 딸 가기 전[에] 한[에서는] 자세한 건 모르지만은, 한 200여 명 그때쯤은 시신이 좀 부패가 심해서 앰뷸런스로 올라온 게 아니라 헬리콥터로 올라왔거든요. 정확한 숫자는 모르겠지만, 팽목항에서 체육관으로 가서 옷을 정리하는 [데는] 나는 들어가지도 못했죠. 옷을 정리하는 데 갔는데, 나랑 같이 동고동락해서 맨날 같이 싸웠던 사람들이, 지금은 엄청 그 자리가…. 왜 그러잖아요, 안되면 조상 탓이고 잘되면 내 탓이라고. 거기 나머지 있던 애들이 나머지 안 나온 애들이에요. 현철이도 그렇고, 은화도 그렇고, 양승진 선생님도 있고, 나 있었고. 그렇게 다 몰려 있어 가지고 서로 이야기도 했었거든요. 그때 당시에는, 거기서 했을 때는 현철이가 남학생이고 미지가 여학생이니까, 미지가 또 반장이고 그러니까 현철이 아빠가 "아, 형님, 우리 애들 이미 이렇게 됐으니까 우리 영혼결혼식 하죠", "형님하고 나하고 이제는 사돈지간"이라고. 그렇게 서로, 그때는 다 똑같은 입장이니까, "아, 그러면 그렇게 하자"고. 그때 당시에는 거기 있는 사람들이 어떤 말을 하든 다 이해가 갔어요, 똑같은 입장이고 똑같은 아빠였으니까. 어떻게 하면 그 아픔을 잊으려고 별 이야기 다 했어요, 거기 있다 보면 다 똑같으니까. 거기서 화나고 있을 수도 없잖아요, 맨날 똑같은 심정이니까. 그러니까 서로 위안을 하느라고 어깨를 붙들면서, "아이 형님, 오늘은 사돈님, 아침을 맛있게 드셨습니까" 이렇게 하면서 그렇게 지냈는데….

체육관에서 짐을 정리해 갖고 나오는데, 그 사람들이 저쪽에 있는데, 저는 그 사람들 얼굴도 보지를 못했어요, 미안해서. 그런데 그 사람들이 어깨를 툭툭 치면서 "형님, 축하해요. 사돈, 축하해요". 또 은화 엄마는 "미지 아빠, 축하합니다". 근데 왜 거기서 '축하합니다' 소리를 들어야 되는지 알 수가 없더라고. 그때 당시에는 거기서 '축하'라는 말이 또 이해가 가. 그 안 나왔던 그 갑갑함 속에서 기다림 속에서 기다렸다가 나왔는데, 진짜 축하한다는 말들을 하더라고. 지나고 보니까 그게 축하받을 자리가 아니었는데, 분명히. 그런데 그 사람들도 다른 말은, 달리 할 말이 없잖아요. 축하한다, 잘 올라와라, 그 말밖에 할 수가 없고, 나도 고맙다고, 미안하다고, 그 말만 하고 올라오는데, 헬리콥터를 타려고, 관을 그 진행 요원들이 이렇게 올려놨는데, 관을 올려놓고 내가 뒤에 올라가는데, 들어가는 관을 붙잡는데, 왜 또 그때 당시에 또 헬리콥터 프로펠러 돌아가는데 그 생각이 문득 드는지 모르겠어요. '이 자식이 죽으면서까지 아빠 비행기 태워줄려고 이렇게 안 나왔었나…'.

헬리콥터도 비행기는 비행기잖아. '야, 이 자식이 참 죽어서까지 약속을 지키는구나. 나는 자식한테 해준 것도 없는데, 이 자식은 애비가 뭐라고 죽어서까지 이렇게 하나' 이런 생각도 들고. 그러면서 그 헬리콥터 속에서 또 엄청나게 울고. 그 속에서도 생각하는

미지 아빠 유해종

거는 여러 가지더라고요. 내가 이 새끼를 위해서 뭐를 했으며, 지금까지 이 새끼를 위해서 바란 게 뭐였으며, 하나서부터 열까지가 주마등같이 싹 스쳐 가더라고요. 애기서부터 초등학교, 중학교, 고등학교까지 긴장이 되긴 마찬가지…. 애였을 때는 참 무남독녀라고 예쁨도 많이 받고, 귀염도 많이 하고, 독차지하면서 자랐거든요. 그렇다고 해서 얘네들이, 이놈의 새끼가 속을 썩인 것도 없는데, 참 너무 잘 커줬는데, 부모 마음, 속도 안 썩이고 참 잘 자라줬는데, 왜 이렇게 생을 짧게 마감을 해야 되는지. 이거는 재해잖아요, 인재가 아니라, 재해[이거는 인재잖아요, 자연재해가 아니라 인재]. 분명히 애들 다 살 수 있었는데 선장이 빨리 퇴선 명령만 내렸어도 다 살았는데…(한숨). 그러니까 오기가 생기더라고요. 이 자식은 죽어서까지 아빠의 약속을 지켜줬는데 나는 딸을 위해서 아무것도 한 게 없잖아요. 근데 분명한 것은, 쉽지는 않겠지만 우리 딸이 왜 죽어야만 했는지, 왜 죽을 수밖에 없는지, 분명히 살 수는 있었는데 왜 안 구했나, 그 이유라도 밝혀야 되잖아요. 그래서 우리 딸한테 조용하게 마음속으로 다짐을 했죠, 미지 장례 보내고 오면서. '너는 아빠한테 약속을 지켰지만, 아빠는 내가 해준 게 없다. 그렇지만 네 죽음에 대해서 이유만큼은 분명히 밝히겠다' 다짐을 했죠.

미지 장례 후 상황

미지 아빠　　　미지를 보내고 나서 집에서 한 주일 있다가 다시 팽
목으로 내려가요. 미지 엄마랑 같이 내려가서 그 나머지 같이 있었
던 (한숨) 실종자 가족, 그 친하게 지냈던 가족들 그리워하면서 갔
는데, 대뜸 또 체육관에 도착을 하니까 거기 앉아 계신 분들 보기
가 너무 또 미안하고 죄송스럽더라고요. 우리 앉았던 데, 그 자리
거기 앉아 있는데 딱 이렇게 뭐라고 할 말이 없어. 그냥 할 수 있는
것은 감싸 안고 울 수밖에 없는 거, 그거밖에 없어. 아무 말도 못
하겠더라고요. 꼭 내가 죄인이고, 그 사람들한테 내가 너무 죄인
같아서 어떤 말도 할 수가 없어요. 오직 할 수 있다는 것은 포옹하
면서 우는 거밖에 없더라고. 울면서 서로 그래도 친하고 늦게까지
같이 있었으니까, 서로 마음은 다 잘 아니까 어떤 마음인지 한 자
리 빌 때마다 그 가슴 찢어지는 그 아픔은 있어봤기 때문에 누구든
지 잘 알거든요. 먼저 간 사람 그 마음은 몰라요. 그 외롭고 쓸쓸한
생각, 그때 남았을 때는 별의별 생각이 다 들어가더라고요. 그때
나도 '아 20일 정도 지나니까, 야 우리 딸 이거 실종된 거 아닌가.
나왔다고 그랬는데 만약에 실종되면 내 새끼 어디 가서 찾지, 뼈다
귀는 어디 가서 찾지' 이런 생각이 들고 다 그러더라고요. 그런데
나는 애를 찾았고, 그 나머지 계신 분들은 못 찾았으니까 그분들이
내 생각하고 똑같을 거잖아요, 지금. 저 사람들 생각이 저런데 가

서 뭐라고 위로를 해줘, 위로할 말도 없어. 왜? 내가 그 마음을 알기 때문에, 그 마음을 누구보다 잘 알기 때문에. 그리고 거기서 일주일만 내려갔다가 거기서 이틀 밤 삼 일 밤 자고 올라왔나 봐요. 왜냐하면은 거기서 더 오래 있으면은 그 사람들한테 민폐 끼치는 거 같아서 더 있을 수가 없더라고.

그래서 거기 있다가 한, 그때 당시 날짜를 모르고, 날짜는 기억도 없어요. 너무 신경 쓰고 이걸 그때만 해도 혼이 빠졌다고 그러나요? 사람들이 왜 그러잖아요. 그러고 진짜 그럴 생각으로 전날 생각밖에 안 했지. 그 하룻밤만 자고 나오는데 그 나머지 생각이 안 들었다고. 이렇게 지나고 보니까는 오로지 새끼 찾을 생각, 새끼에 대한 집념, 그거 생각을 하니깐 어떤 생각도 안 들어요.

그러니까 미지를 보내고 나서 체육관을 들렀다가 3일 밤 자고 올라오는데, 그때 당시에는 여기 먼저 올라온 사람들이 서명받고, 피케팅하고, 난리가 났더라고. 그래서 처음에는 여기도 휩싸이지도 못했어요. 같이 어울리지도 못했었어요. 왜? 너무 낯설더라고, 뭐가 뭔지 모르니까, 첫 번째로. 그러다가 하루 이틀 쫓아다니고 '어, 여기도 이런 상황이 있었구나. 거기보다도 또 여기가 이런 상황이 있었네'라는 걸 알게 되죠. '여기서도 참 힘든 생각을 했겠구나' 이런 생각도 들고. 그래서 같이 서명도 다니고, 간담회도 다니고 그러다가, 그러다 보니까는 특별법이 만들어지고 그랬는데도, 지금은 또 특별법이 온전하게 되지도 않고 그러니까 너무 화가 나는 거죠. 그렇지만은 이거는 분명히 밝혀야 되는데 쉽게 밝혀지리라는 생각은 안 하죠. 왜? 이 정부가 관여된 일은 그렇게 쉽사리가 밝혀지지가 않거든요. 정권이 좀 바뀌고 그래야 밝혀질까, 지금은 너무 정부가 방해 공작을 하잖아요. 그러면 우리 유가족들도 똑같은 심정이거든요, 저랑 마찬가지로. 일반인 가족들이 이런 참사를 당했다면 벌써 헤어졌어도 [여러 번] 헤어졌을 거예요.

6

대구 지하철 또는 성수대교 사건 등을 겪은 분들의 응원

미지 아빠   대구 지하철 사건이나 삼풍백화점이나 성수대교 사건이나 이렇게 보면은, 그때 당시에 그런 게, 우리가 사고가 나니까 거기서 일했던 사람들이 와서 다 이렇게 이야기를 해줘요. 전부 다 각지에서 오셔서 다 이야기를 해주더라고.

면담자   그때 그런 걸 겪으신 분들이 오셔서?

미지 아빠   예. 그 사람들이 처음에는, 강원도 저기 대학생 장마 때 산사태로 무너져 가지고 열 몇 명이 죽었는데, 거기서 한 부모가 와서 이야기를 해주더라고. 자기네는 어느 누가 도와주지도 않았는데, 그 사람들 그 강원도를 상대로 싸웠는데, 그 싸운 과정을 다 이야기를 해주더라고요. 그 몇 가정도 안 되는데도 단합이 안 되고 뿔뿔이 헤어져서 몇 사람만 갖고 싸웠다, 몇 사람이래도 뭉치면은 이길 수 있다, 반드시 승리할 수 있다. 와서 다 이렇게 경험담을 이야기해 주고, 또 대구 지하철 사건 같은 경우는, 대표분인지 무슨 임원 정도 되나 보더라고, 처음에는 며칠 동안 모여가지고 잘 되는 것 같다고 이야기를 하더라고. 그런데 조금씩, 조금씩 지나니까 시들해져서 안 모인다고 그러더라고. 그런데 여기는 단원고 분들은 열심히들 하시고 다 하나가 돼서 참 좋다고, 이런 말씀도 해 주시고.

우리는 그럴 수밖에 없는 게, 자식이니까 하는 거지, 우리도 만약에 부모라면은 이렇게 하지는 않을 거예요. 왜냐면 생업도 포기하고 목숨을 걸고서 하는 거잖아요, 지금은. 왜 그렇게 해야만 되는 것인지, 우리 새끼들이 분명히 그 누가 봐도, 어느 누가 봐도 살수 있는 문제였었는데, 그 부모들 앞에서 죽어가는 자식의 모습을 생각하니까 피가 거꾸로 솟더라고요. 나는 피가 거꾸로 솟는다는 말이 어떤 말인가 했었는데 아마 그럴 때 통하는 것 같더라니까요. '야, 이게 바로 피가 거꾸로 솟는다는 거구나'라는 생각을 갖게 되더라고요.

7
진도체육관에서의 분위기, 국정원 직원, 경찰들의 위장

면담자　　　[진도에] 계셨을 때 그 분위기나 이런 게 한 달 동안 어땠는지, 제가 알기로는 한 일주일 지나고 나서 계속 브리핑을 하는 시간이 있었는데.

미지 아빠   예, 아침 10시부터 저녁 4시.

면담자   무슨 내용이 오갔고, 아버님들만 참여하셨다고 보통.

미지 아빠   아니요, 아버님들만 참여한 게 아니라 가족들, 엄마, 가족들. 근데 거기서도 이게 온전한 가족들이 아닌 제3의 인물들이 많아요. 예를 들어서 지금 생각을 해보니까 국정원 같은 직원들?

면담자   그게 보였나요?

미지 아빠   아니, 좀 특별난 게 있지. 왜 전부 다 한쪽으로 쏠리면은 여기서 다 모여 있잖아요. 그러면 이쪽에서 하나둘 벌떡 튀어나와. 엉뚱한 소리를 해갖고 시선을 흩뜨려놓는 거야, 시선을. 참 희한해요. 나중에는 그 우리[가] 국정원도 거기서 잡았어요, 경찰도.

면담자   아, 잡았나요? 그러면 누가 잡았나요?

미지 아빠   그때 당시 우리 유가족, 실종자 가족들이. 처음에는 누가 누군지도 모르잖아. 나는 우리 학교가 몇 반 있는지도 몰랐어요. 이렇게 서로 보는 사람들 모르잖아. “몇 반 부모예요?” 그러면 우리가 10반까지 있었는데 “11반 부모예요” 그러더라고, 11반. 그러면 우리는 11반까지 있는 줄 알았어. 그런데 12반까지도 나오더라고, 12반. 그래서 이게 뭐가 좀 이상하다고 그래서 학교 선생님한테 가서 “단원고 몇 반까지 있습니까?” [물었더니] 10반까지밖에 없다는 거예요. ‘어? 11반도 있다는데’ 그래서 3일 날인가 4일째 되는 날? 5일째 되니까 명찰을 내줬어요, 부모들[한테]. 부모들 하는데 [명찰을 나누어주는데] 그 사람들이 안 보여.

면담자   없어진 거예요?

미지 아빠   예, 없어진 거예요. 이것도 또 희한한 게 이 명찰도 단원고 학생이 이렇게 있으면 '몇 반, 이름 누구 아빠' 이렇게 있는데, 어떤 사람은 또 그걸 위조를 해서 들고 다니는 사람이 있어. 그러니까 그 사람들이 알고 보니까 나중에 경찰 끄나풀들이야. 처음에는 거기 갔는데 별의별 소리를 다 나왔어요. "어뢰가 터졌다", "미군이 쐈다, 지금 훈련하는데 쐈다" 그래 가지고 "거기는 암초도 없는 데다" 이런 소리가 들리고 그랬어요. 얼마나 진짜 난장이었었는데…. 너무나 교란 작전이었었어요. 그때 당시에는 지금, 진짜 카메라도 한 몇 대는 부서졌을 거예요.

면담자   소란이 있어서요?

미지 아빠   예, 촬영하지 말라고 그랬는데도 촬영을 해가지고 카메라 뺏어서 부숴버리고 그랬으니까. 그런데 제일, 그 체육관에서 있을 때는 사람들이 수백 명이, 수천 명이 있으니까는 그 관계 부처 직원들이 사복을 하고 뼁뼁 돌았어. 엄청 많았어요, 지금도 보니까는. 우리 부모들은 그렇게 안 다니지. 새끼가 죽었는데 눈에 뵈는 게 없는데, 그렇게 다녀요? 안 다니지, 오로지 새끼인데. 그런데 지금 지나고 보니까 그런 사람들이 많았었던…. 보니까 '그런 사람들이 경찰 끄나풀이었었구나'. 여기 안산에 올라와서 그 분향소에서도 대통령, 그 쇼했던 그 할머니, 아니래요. 유가족 아니래요, [가족 중에] 없대요. 그런데 그렇게 태연스럽게 했잖아. 누가 봐도 다 저건 [유가족인] 줄 알잖아. 아니래, 얼마나 무서운 세상이야. 우리가 무서운 세상을 살고 있는 거예요. 하여튼 거기서도 그랬으니까, 도보 행진 때도 그랬었고. 도보 행진, 우리 안전을 지켜준다고 따라왔는데, 보면 다 국정원 직원들이고, 그런 애들이에요, 가차 없어요. 그래 가지고 무서워, 체육관에 있을 때도. 내가 잡지는 못했지만 같이 동행해서 잡은 사람이 있는데, 자꾸만 말을 하는데, 왜 말을 하는데 자꾸만 삐딱선을 타. 자꾸만 분산을 시키려고 그래, 자꾸만. 우리가 다 이쪽으로 갈려고 하면 다 분산시키고, 분산시키고 그래서 뭐가 좀 이상하다 그래서 잡아가지고 딱 보니까는, 지갑에서 명표 하나 나오더라고, 경찰 명표가. 그러면 하는 말이 "유가족 보호하러 내려와서 이렇게 있는 거"라고. 그러니까 근거 댈 말이 없잖아. 녹취라도 했어야 그게 또 근거가 돼서 하지만은 아무것도 없잖아. 그래요, 세상이. 초기에 팽목항에 갔을 때도 거기서도 너무 우왕좌왕들 하니까는. 생각들이, 부모 생각들이 다 다르잖아요. 오로지 자기 새끼만 먼저 찾으려고, 자기 새끼만 데리고 가려고 그러니까는 그때 당시에는 부모들도 싸우고 그랬었다고.

면담자　　무슨 이유로 싸웠나요?

미지 아빠　　예를 들어서 잠수사가 자기 아들이 있는 데다 들어가서 작업을 할라 그래도, 거기 들어가지 말고 내 [자식] 있는 데로 와라 이렇게 싸우고 그랬으니까. 그런데 우리 1반은 참 멍청하다고 하면 멍청한 게, 양심이 바른 건지 몰라도 생존자 학생이 많다는 이유로 우리 애들 들어가 있는 방 가서 작업을 해달라 소리를 못 했었어요, 미안해서. 그런데 그거하고 아무런 상관이 없잖아, 내 새끼가 죽었는데. 그런데 그 당시에는 그랬었어. 그때는 잠수사들이, 그 가드레일이 그때 당시에 내려져 있는 게 4개, 4팀밖에 못 들어갔었거든. 그 줄 잡고 쭉 내려가는 게 4개밖에 못 했었어요. 그러니까 그 사람들은 많은데 작업하는 양이 없단 말이야. 그러니까 부모들이 서로 자기 새끼들이 있는 데로 가라고 작업하라고 그러는 거지. 그러면 서로 싸워, 원성도 높여지고. 그러다가, 그러다가 서로 싸우고 그러면 안 좋잖아, 보기는. 그래서 스케줄들을 짜서, 메뉴를 짜서, 오늘은 여기 몇 번, 저기 몇 번, 그런데 우리 1반은 그 반도 생존자가 많다 그래서 또 우리 1반은 안 들어가요. 다른 반이 너무 급하다고 다른 반이 먼저 들어가고. 우린 말도 못 하고 있다가 '아, 이거 우리 내 새끼가 안 살아왔는데 무슨 소용이 있어, 생존자하고 아무런 상관이 없지' 그냥 같은 반이라는 이유 하나밖에 [없는데] 피해 보는 느낌도 받더라니까. 그래서 나중에는 들어갔는데 수색을 해도 애가 안 나오는데 어떻게 할 수는 없잖아. 진짜 피 말린다, 피 말리는 한 달이었었어요. 나머지, 아직도 미수습자들은 얼마나 힘들 거야, 아이고.

이런 사고 진짜 나서도 안 되고 정말로 우리 같은 가족이 있으면 안 돼요. 정말 삶이 흩뜨러지고 행복이 없어지고 삶의 의미가 없어요. 아무래도 미수습자 가족들은 지금도 그 심정, 그 마음일 텐데, 하루속히 빨리 배가 인양돼서 수습자들 다 가족 품으로 돌아가기를 학수고대해야 되는데, 정부가, 정부 측에서는 저렇게 훼방만 놓고 안 해주려고 망발하니 참으로 너무나 속상하죠. 옛날에는 대한민국이라는 나라가 참 좋았다고 생각을 했었는데, 이 사고, 참사 당하고 나니까 대한민국이라는 나라가 싫어졌어. 이 나라의 국민으로서 이런 소리 하면은 안 되지만은 살 가치가 없는 대한민국 같애요. 나라가 국민 한 사람, 한 사람을 보호해 줘야 되는데 국민이 나라를 보호해 주는 것 같애. 대통령이 국민을 보호해 주는 게 아니라 국민이 대통령을 보호해 주는 거 같애. 너무 싫어. 정권이 좀 속히 좀 바뀌어가지고 진상도 좀 제대로 되고 정말로 안전하고 행복한 나라, 아이들이 마음 놓고 뛰어놀 수 있는 나라, 다 나머지들이 행복하게 살 수 있는 나라가 됐으면 좋겠어요.

면담자　　　그럼 그때 매일매일 브리핑하고 이렇게 할 때 대표로만 가서서 들으신 건지, 아니면 다 같이?

미지 아빠　　　다 같이 가서 브리핑은 아침 10시하고 오후 4시는 하는데, 그럼 걔네들이 작업한 게, 하루에 네 번을 들어가요. 물때를 맞춰서 네 번 들어가면은, 밤에 했으면은 낮에 와서 10시에 하고, 낮에 왔으면 저녁 4시에 하고 그렇게 했는데, 그럼 자기네들도 저 현황판 거기에다 다 쓰죠. 오늘, 예를 들어서, "SP1 몇 번째 방 몇 번째 수색했고 몇 구가 올라왔습니다", 다 써놓지. 자세한 위치는, 예를 들어서, 복도 실내에서 몇 번째 몇 번째 방 다 써놔요. 그런데 개네들이 저거 써놓는 것도 처음에는 우리가 모니터링을 안 해서 다 믿었죠, 그런 줄만 알았지. 그런데 모니터링을 바로 잠수사가 마이크 해서 목소리 하니까 우리가 들리니까 바로 알지. 그때는 시간이 흘렀을 때는 그걸 알았었는데 처음에는 그러더라고. "몇 번째와 몇 번째가 이렇게 다 구했다"고 다 써놨는데, 우리가 나중에 알고 보니까는 애들이 구명조끼 입었으니까 다 부양해서 올라온 거야. 다 그러면서 잠수사들이 일한 것처럼 해가지고 "몇 번째 방에서 데리고 왔다, 몇 번째 방에서 데리고 왔다", 그럼 우리는 바깥에다 들어가서 했는지 알지 어떻게 알아. 그것도 처음에도 나중에 시간이 지나서 모니터링하는데 어떤 잠수사가 말을 하는 걸 들었지, "문틈에 하나 껴 있다"고. 그러니까 알지, 그걸 어떻게 알아.

그러면 문틈에 껴 있으면 바로 데리고 와야 하는데 못 데리고 오는 거야. 그래서 내가 서해청장 붙잡고 "아니 왜 애를 문틈에 껴 있는데 왜 못 데리고 나오냐" 그랬는데, 그런데 그게 이렇게 눌려서 못 나오고 있다는 거야. 그러니까 우리가 들어가 보지 않았으니 눌렸는지 아닌지 믿을 수밖에. 그게 SP1 복도야. 우리 딸 들어가 있는, 은화하고 우리 딸 들어가 있는 복돈데, 그러니까 28일 날 아침에 그게 떴어요. 브리핑하라 그래서 들어갔는데 애가 복도에서 건져왔다고 그러더라고, 복도에서. 내가 "그 분명 복도 어디에서 건져왔습니까?" 예를 들어서 문이 있고 복도가 있거든, 이 거리밖에 안 되거든. 문은 여기거든. 근데 복도에서 꺼내왔대. SP1 들어가면 바로 문 열면 들어갈 수 있는 방이거든. 그런데 복도에서 그러고 왔대. 그래서 "그 애, 복도에서 어디쯤에서 끌고 나왔습니까" 그랬더니, 내가 딱 멱살을 잡았어요, 그때는. 왜? 하도 거짓말을 많이 시키니까는. 딱 데려다 놓고 "어디쯤입니까? 복도 어디쯤입니까?" 그랬더니 "아니에요. 복도 아니고 문에 있는 애가 올라온 거예요" 그러더라고.

　와… 그때만 해도 또 실망한 거예요. 아이 이 씹, 아이 욕하면 안 되는데, 그 거시기 같은, 내가 욕을 했어, 왜 그짓말만 살살 하냐고. 이 씨, 이러고 그럼 아무 소리도 못 하고 있죠. 걔네들이요, 눈 하나 깜짝 안 해요. 아무리 싫은 소리 해도 눈 하나 깜짝 안 해요. 가만히 있어요. 어떤 소리를 해도 가만히 있어요. 슬슬 웃고, 화내는 사람도 아무도 없어요. 정말로 놀랬어. 같이 화내고 그랬으면 싸움이 되더라도 될 텐데 절대 화내지 않아요. 살살 웃어요. 성질만 더 돋우게 살살. 그래 갖고 그 국회 와서 지리 보고했을 때 서해청장이나 경찰청장한테 그랬었어요. "내 딸은 돌아오지도 않고 그러니까 이제서라도 양심선언들 합시다". 그랬더니 기자들이 벌떼같이 몰려드는 거예요.

　"왜 무슨 말씀 있으셨습니까? 왜 그런 소리를 하십니까?" 아니, 저기 저 양반한테 가서 물어보시라고. 그러면 그 사람들이 쫓아다니면서 무슨 말씀을 하셨냐고, 뭐냐고 그래도 그 서해청장이랑 경찰청장이 와서 "미지 아버님, 왜 그러시냐고 어떤 말씀을 하시려고 그러느냐고" 막 이래. 그럼 내가 기자들한테 내가 그랬지, "내 입으로는 직접 말 못 하고 저분들한테 한번 가서 여쭤보라"고. 그러면 이야기를 하나요? 안 하지, 안 해요. 절대적으로 안 해. 내가 소리쳤거든. "내 새끼 살아서 돌아오는 것도 아닌데 죽어서 없어졌는데 양심선언합시다" 떠들어도요, 그 사람들 눈 하나 깜짝 안 해요. 어느누가 하나 총대 멜 사람이 아무도 없어요. 순전히 우리 실종자 가족, 입에서 나오는 말만 했지, 자기네들 임의대로는 해놓은 것도 아무것도 없어요.

나중에 다급하니까는 애들이 안 나오고 그러니까는 자기네들끼리 모여서 아마 회의를 했나 보더라고. 그 '배 위에서부터 내려다가 연통을 묻어보자' 뭐 이런 생각들을 했다고 이야기를 나중에 들려오더라고. 그것도 우리 그때 실종자 가족들 마음 달래기 위해서 한 거지, 실제로 해볼 생각들도 없었어요. 아이고… 정말로… 다시 기억하고도 싶지도 않고… 너무 끔찍한… 일이고… 피 말리고… 너무 힘든 세상이었어.

면담자   아버님도 그 배 타고 처음에 나가시고 계속 나가셨나요?

미지 아빠   바지선 몇 번 탔죠, 왔다 갔다 왔다 갔다. 왜냐하면 그때 당시만 해도 우리 딸이 안 나왔으니까 거기 가서 지켜봐야 되거든요, 작업을 하는지 안 하는지. 여기도 분명히 작업을 시켰는데 갔다 오면 안 하고 있어요. 그 갔다가 또 대책위 사무실에 가서 난리치는 거야. 해수부 장관 데리고 이 씨, 작업을 안 했는데 뭘 했다고 그냥 거기서는 해수부 장관이 밑에 부하 직원들한테 명령을 내려요. 오늘은 틀림없이 내려가서 작업을 할 거라고. 그러면 거기에서는 대답을 해요, 그 자리에서는 대답을 해. "하겠습니다". 그럼 하는 줄 알고 바지선 타고 나가면 안 하고 있는데. 그렇다고 내가 잠수복 입고 들어갈 수도 없잖아요. 가서 물어보면 핑계 다 대죠.

"여기 지금 넘어가고 있습니다". 넘어가는지 안 넘어가는지 우리가 어떻게 알아. 지네들 넘어간다 하니까 넘어가는가 보다지. 맨날 그렇게 시간 보내요. 그래도 또 하나, 뭐가 또 애네들이 우리들한테 실수를 많이 했냐면은, 개네들이 애들을 데리고 와서 123정 배 큰 배 있잖아요, 거기 갖다 놓는다고요. 우리가 "애들이 안 올라온다" 가서 이야기를 하면 여기 있던 애들은 보내줘요. 어디서, 어서 꺼내서 이렇게 보낸다고, 이렇게 이렇게 짜 맞추더라고. 하… 그런 새끼들은…. 처음에 그러다가 우리가 못 믿어가지고 "야, 우리가 카메라 가지고 모니터 가지고 가자" 그러니까 그때서부터 거짓말을 안 하는 거지, 못 하는 거지.

8
동거차도에서의 감시

면담자　　배를 빌려서 옆에 놔뒀다고요?

미지 아빠　　지금 동거차도에 가 있는 거요? 배를 빌린 게 아니라 구입을 한 거예요. 구입을 했는데 지금 배 인양하는 작업장에도 우리 유가족들은 못 들어오게 하잖아요. 왜, 자기네들이 걸리는 게 없으면 왜 못 들어오게 해요? 아무 상관도 없잖아. 우리가 가서 작업 방해할 것도 아니고. 우리가 가서 지켜만 보겠다는데 뭘 건져가지고 올라오는지, 뭐가 나오는지, 그거 확인만 하겠다는데. 근데 그걸 못 하게 만들잖아. 못 들어오게 하잖아. 그래서 우리 유가족 팀에서 "야, 그럼 우리 멀리서 망원경이라도 지켜보자" 그래 갖고 처음에는 배를 빌려가지고 한두 번 왔다 갔다 했는데, 그 경비도 만만치 않잖아요. 하루 이틀 하고 말 것도 아니고 배를 임대하는 거보다 차라리 매입을 하는 게 경제적으로 좋겠다, 나중에 중고로 팔 수도 있다고 그렇게 이야기를 해가지고. 그래서 사갖고 지금 동거차도에 들어가서 있는 것 같애. 처음에는 뱃머리가 앞에 작업하는 게, 우리하고 맞닿아서 서로 이렇게 보일 수가 있었대요. 나는 안 가봤는데. 그런데 그 바지선을 이렇게 끝머리를 틀어놨다는 거야. 이쪽에서 우리가 보는 망원경으로 보는 끝머리밖에 안 보인대요. 그렇게 돌려놨대.

면담자   못 보게요?

미지 아빠   못 보게. 그리고 몰라, 갔다 온 사람들이 그래. 낮에는 작업을 안 한대요. 낮에는 작업을 안 하고 밤에만 한대. 그러니까 정부가 뭘 시켰겠지. 우리 애들 유품도 많이 나왔을 텐데, 그러니 모르겠어요. 진짜 온전한 인양이 돼갖고 진짜로 증거가 돼야 되는데, 만약에… 이거는 내 생각이에요, 쟤네들이 온전하게 인양되지 않으면은 증거 찾기는 쉽지가 않을 거예요. 뭐, 예를 들어서 그때 당시에는 군사 훈련 중이라 그랬다는 말도 있고, 애들, 또 산 애들의 증언을 들어보면 화약 냄새가 났다 그랬었거든. 그러니까 우리 유가족들은 화약 같은 게 냄새가 나면은 배에서 날 리가 없잖아요. 그런 것들 한 가닥 희망을 걸었었는데, 진짜 온전한 인양이 돼갖고 그런 증거를 가져다가 찾고 그래야 하는데, 그게 찾아질는지 모르겠어요. 하여튼 산 애들이 증언을 한 거 보면은 그냥 사고는 아닌 건 분명한 것 같애, 사고는. 그렇다고 우리 산 애들, 뭐 붙잡고 이야기해 볼 수도 없는 거고…. 아이고, 참 힘들어요.

9
시간이 지난 이후의 진도체육관 및 팽목항 상황

면담자   [진도체육관에] 계실 때 초반에는 되게 정신없고 아수라장이셨다고 말씀하셨잖아요. 그러다가 시간이 갈수록 사람이 많이 빠지면서 휑해졌다고 하셨는데, 그러면 그때 체육관 분위기는 어땠나요?

미지 아빠   분위기는 뭐 말은 안 했지만 다 똑같은 입장이었을 거예요. 그때 당시 내가 있었을 때만 해도 스물여섯, 일곱 가정 정도 됐으니까. 여기가 한 스무 가정 있고 팽목항에 일고여덟 가족 있었으니까. 그때는 정말로 날이 밝아오는 게 싫었어요. 아침에 날이 밝아지면은, 그 왜 마음이 있잖아요, 불안하고 나도 나 같지 않은 사람 같고. 그러니까 정신 나간 사람, 그런 삶을 살은 거죠, 거기서는. 그런데 똑같은 사람들끼리 있으니까 그 사람들은 어떤 말을 해도 서로가 이해가 되니까, 똑같은 입장이니까 그때는 거기서 모여 있는 사람들끼리는 어떤 말도 다 할 수 있었어요. 여기 모여 있던 사람들 똑같은 말을 하는데, 애를 보내고, 애를 다 보내고 나서 와 있으면 여기를 끼지를 못해요. 말을 못 섞어, 섞을 수도 없어. 벌써 이 아픈 마음하고, 이 아픈 마음하고 차원이 틀려. 이쪽 마음은 좀 안도의 한숨이랄까, 애를 찾았으니까. 그런데 이쪽 마음은 초조하고 불안해. 그래서 어울리기가 힘이 들어.

지금 저렇게 미수습자 가족들하고 우리하고 잘 못 어울리는 게 그런 거예요. 단지 서로가 서로를 불편은 하지. 서로가, 서로가 또 서운하다고 하지. 왜? 미수습자 가족은 자기네 일이라서 안 싸워준다 그래서 서운하다 할 것이고, 이쪽에 유가족은 미수습자 가족이 안 싸운다고 또 서운할 것이고 그럴 거예요. 똑같은 입장이 되면은 괜찮은데 조금씩 다르다 보니까는 그런 게 있어요. 지금 나랑 거기 있을 때는 은화네나 현철네나 같이 똑같이 허물없이 서로 친하게 지내고 있었는데, 벌써 나는 또 마음이 또 틀려지거든요, 그때 마음하고 지금 마음하고. 그때는 그 사람들하고 똑같은 마음이었었지만, 지금은 또 마음이 조금 놓인다고 할까? 그 생각이 드는데 뭐. 벌써 생각이 틀려지잖아. 그런 생각을 안 가져야 하는데, 나도 모르게 그런 생각이 들어요, 내 자신도 모르게. 그래서 이 아픈 것도

너무 힘들어. 왜 이걸 우리가, 왜 이 아픔을 느껴야 되는지 모르겠
어요. 이 정부 하나 믿고서 살던 사람들인데 우리가 진짜 그야[말
로] 말마따나 세금을 안 내, 도둑질을 했나, 정부 하라는 대로 다 했
는데 정부는 우리를 이렇게 힘들게 하고. 너무 가슴이 아프죠. 힘
들긴 힘들어요.

10
장례식 관련

면담자　　　미지 발견하신 날에 그때 헬리콥터로 옮기고 나서
장례하실 때 과정을 좀 말씀해 주실 수 있을까요, 자세히. 듣기로
는 안산에 자리가 없다는 이야기도 있었다고.

미지 아빠　　　응, 그랬었죠. 그때는, 한참 많이 남았을 때는 대기
를 했었다고 그러더라고요. 안산에 있는 장례식장이 모자라고 근
교, 안양, 수원, 여기 부천, 시흥, 이렇게 다 외지에 나가서 했다고
그러더라고요. 그래서 우리 그때 내가 [미지가] 안 나왔으니까는 우
리 반원들이 장례를, 애들 보내고 전부 다 왔더라고요. 와서 이야
기하는 말이 그러더라고요. 장례식장도 천차만별이야. 그랬더니
어떤 집은 음식값이 얼마, 어떤 집은 음식값 얼마 이렇게 차이가
많이 나더라고. 장례 쓴 비용도 차이가 많이 나고. 그러면서 우리
반 그 부모가 이야기하더라고. 미지 만약에 올라오게 되면은 어느

장례식장 가서, 자기가 해보니까 어느 장례식 무슨 실이 좋더라, 또 가격 물품 가격대가 어느 정도니까 좋더라, 이야기를 해주더라고. 그러면서 자기네는 우왕좌왕하고 [정신이] 없으니까는 그냥 뭐 정부 하라는 대로 했었는 모양이에요. 그중에서도 오기를 부리고 좋은 것만 하는 사람들도 있더라고. 장례의 절차가 800만 원 돈에서 뭐 5000만 원인가 이렇게 장례비가 나왔다고 이야기를 하더라고. 그러면서 자기네는 어느 정도 했으니까 어느 정도까지만 해보라고. 우리는 조금씩 그 캐치를 했었죠.

미지를 찾고, 찾기 며칠 전날인가, 4일 전인가 5일 전에 올라와서 이야기를 해주는데, 그러면 마음속으로 이 정도까지는 해야 되겠다고 생각을 하고서는 올라와서 미지 찾고 했는데, 미지가 나왔을 때만 해도, 그때만 해도 장례식장이 좀 많이 한가했었어요. 많이 미진했었어. 거의 다 차 있었긴 했는데 한 사람이 나가면 또 거기 들어오고, 한 사람 나가면 들어오고 그랬었는데, 미지는 '제일장례식장'에서 했거든요. '제일장례식장'에서 했는데, 한 사람이 그러더라고. 거기 워낙에 많았었는데 자기네는 그 특실 몇 번째가 좋다, 만약에 [하게 되면] 거기서 하라고 그러더라고. 그렇게 예약을 하니까 처음에는 장례식장에 왔는데, 그 장례용품이라고 그러나요? 그 수의며 유골함이며 이런 걸 다 이야기하더라고. 우리가 기독교 집안이에요. 기독교 집안이라 그런 데서 큰 여념이 없고 그냥 애는 이미 했으니까 그렇게 비싼 거는 하지 말고 그냥 중간 정도로 하겠다고. 그래서 생각이 나서 마음을 먹었죠. 유골함도 그때 한 미지는 80만 원 선인가? 80만 원 그 정도인데, 어떤 사람은 그 뭐 500만 원, 200만 원, 비싼 거는 400만 원, 그 수의도 100만 원서부터 몇천만 원, 뭐 한시, 모시 같은 거는 비싸다고 그러더라고요. 적절하게 하고, 음식값도 뭐, 예를 들어서 7000원부터 만 몇천 원까지 우리는 중간 정도, 그래, 다 중간 정도로 했을 거야. 중간 정도로 해놓고.

납골당을 어디를 할 거냐고 묻더라고요. 어디 어디 있냐 그랬더니 '하늘', '서고', '효원' 있다고 그러더라고. 애들은 어디로 많이 가냐 그랬더니만 다 분산됐대. 거의 비슷비슷하게 됐다고 그러더라고. 갔다 온 날은, '하늘' 갔다 온 사람, '서고' 갔다 온 사람, 세 사람 다 물어봤는데 '하늘'은 꽉 막혀서 볼 수가 없다. '서고'는 조그만데 괜찮다. '효원'은 크면서도 괜찮다, 유골함이 들어가는 데[가]. 미지가 늦게 나왔으니까, 그 VIP실이라 그러나, 제일 유골이 딱 들어오는 게. 그때 6단까지 있는데 1단부터 6단까지 있는데 가격차가 천차만별이에요. 900만 원, 800만 원, 700만 원, 400만 원, 600만 원, 200만 이렇게 되어 있어. 제일 좋은 데가 4단, 5단 여기가 제일 비싼 데고. 4단, 5단, 6단, 7단 이렇게 비싸고, 그다음에 3단, 7단 그다음 싸고, 8단, 2단, 9단이 이렇게 있는데, 미지가 늦게 나왔으니까 진짜 좋은 데는 못 차지하죠, 없으니까. 그래도 같은 반에 애들 많은 데로 갔는데 3단, 3단을 이야기하니까 얼마냐고 내가 물어보니까 700이라고 하더라고. 그러니 어떡해, 애들은 거기 다 있을 거니까 그럼 그렇게 정하자고 해놓고 정해놓고 왔는데, 그리고 미지를 딱 안치해 놓고 '서호'도 갔었고, '하늘'도 갔었고, '서호'는 갔는데 거기는 개설한 지가 얼마 안 돼서 깨끗은 하더라고요, 근데 작아. 유골함 놓는 자리가 작아. 그게 또 뭐 900만 원이라는 거야, 거기는 900만 원이고. '효원'은 큰 건데, 큰데, 그것도 900이래, 큰데. 거기도 괜찮아서 미지는 글로 집어넣고 와서 미지 가져다 놓고 '하늘공원' 가니까는 그 대리석으로 꽉 막아놨더라고, 답답해 보이더라고, 안에 아무것도 안 보이니까는. '야, 그래도 여기는 안 오기를 잘했다. 거기 놔두기를 잘했다' 그러고, 미지를 보내놓고. '하늘'에 있던 사람이 자기가 옮기겠다고 그러더라고. 우리 반인데 "야, 그러면 1반인데 '효원'으로 와라. 거기 우리 반원들도 많다" 그래서 걔가 거기[하늘공원에] 있다가 글로[효원으로] 왔거든요. 너무 잘 왔다고, 좋다고 이야기를 하더라고. 여기[하늘공원]는 시립이라 싸다고, 10만 원이라고 그러더라고 여기는. 10만 원이라고 그러대요. 거기는 싼데 이것도 내가 거기 장례, 진도에 있을 때도 물어봤어. 그때 시장한테, 김철민 시장한테 물어봐서, 그때는 김철민 시장이었는데, "장례 지원은 어떻게 하는 겁니까?" 물어봤더니 "정부가 지원해 준대요" 그러더라고. "아니, 정부가 지원해 주는데 가격차가 너무 천차만별인데 이걸 어떻게 하겠습니까?" 그랬더니 그때부터 당신이 대답을 안 해요. "정부가 해주고 있습니다" 이렇게만 이야기를 해요. 이것도 지금 어떻게 될는지 아직 결말은 없고요. 우리 딸 같은 것도 내가 물어봤어. 그래서 장례식장에서 "얼마 나왔습니까?" 그랬더니 다 해서 1400만 원인가 그렇게 나왔대. 안 썼는데도 진짜 중간 이하로 했는데 그 정도 나오더라고. 많이 한 사람은 그니까 한 4000~5000만 원 나온다는 게 맞을 거 같애. 그런데 그걸 정부가 어떻게 할는지는 몰라도 이것도 아마 이야기는 좀 나오지 않을까.

11
여전히 거짓말하는 언론과 시민의 반응

면담자   그럼 아직까지는 구체적인 가이드라인이 없는 거예요?

미지 아빠   없죠. 진상이 밝혀져야 뭐가 나오더라도 나올 거예요, 정부 지원도 그렇고. 아마 우리 배·보상 신청한 사람들도 그렇게 많지는 않을 것 같던데, 전부 다 소송으로 가는 걸로 알고 있는데…. 우리 반 같은 경우에도 10명 이상, 우리가 17명이거든요? 12명은 소송으로 가는 걸로 알고 있거든요? 배·보상받은 사람들도 모르겠어요. 누가 얼마 받고 그런 것도 모르고, 우리는 돈에 개념이 있는 것이 아니라 우선 진상이니까. 왜 잘못된 건지 그 이유를 알고 싶어서 하는 거니까. 금전에 대한 큰 개념은 없어요. 그런데 바깥에서는 벌써 보상들도 많이 받고 왜들 그러냐 이런 소리가 많이 들리지. 실상은 그게 아닌데 정부가 이렇게 언론 플레이를 많이들 해요. 들어보면은, 정부가 채널A 같은 데, 같은 데다 방송 흘리는 것 보니까 그렇게 흘리더라고요. 세월호 유가족들 돈을 받고 다 그렇게 했는데 왜들 그러는지 이유가 안 된다고. 거기서 한마디만 하면 벌써 듣는 사람 수천 명, 수만 명이잖아요. 거기서 말이 전하고, 전하고 그러면 금방 이렇게 퍼지더라고요.

처음에는 간담회 갔을 때『금요일엔 돌아오렴』간담회 갔을 때는 물어보죠. 그것도 물어보기가 되게 갑갑하고, 갑갑해서 잘 이야기를 안 하는데, 어느 분이 천안을 갔을 땐가 대전을 갔을 땐가 물어보더라고요. 우리가 근교에서 들어보니까는 배·보상이 다 끝나고 그랬는데 앞으로의 계획은 어떻게 되느냐고 그렇게 묻더라고요. 그래서 질문 잘 하셨다고 "배·보상 끝난 게 아니라 우리 유가족들은 근처도 못 갔고, 그것은 언론에서만 하는 이야기다. 우리는 진실 밝힐 때까지는 돈에 개념이 없이 끝까지 갈 것이다" 그랬더니 "아, 그러시냐"고, "근데 우리들이 알기로는 지금 다 배·보상도 다 끝나고, 다 끝나가고 있는 중이라고 알고 있다"고. 그래 가지고 우리가 엄청 많이 다녔어요, 간담회를. 한, 전국 다 돌아다녔을 거예요, 이야기 좀 해주느라고. 그래서 좀 많이들 깨우쳤죠. 그렇지 않았으면 벌써 묻혔을 거예요, 가는 곳마다 다 그러니까는. 가는 곳마다 다 이야기해 주고 거의 똑같은 이야기를 반복할 때가 많았었거든요.

그런데 지금들은 그래도 많이들 아시더라고요. 페북이나 SNS 그렇게 올라오는 거 보면은 많이들 알더라고요, 정부가 이렇게 거짓을 시키는 거라고. 그러고 지금 있어요. 좀 힘든 것은 지금 특조위가 제대로 이루어지지 않고 있잖아요. 그것도 우리가 국민이 만든 건데. 이것도 정부에서 무력화시킬려고 그러니까 그게 가슴이 아픈 거죠. 특히 여당 직원들, 그 봐봐요, 대통령 그 시간 조사 뭐 못 한다 이런 소리 하고 자빠져 있고. 자기네들이 특조위 들어왔으면 그걸 떠나서 자기 본분에만 책임을 져줘야 하는데 엉뚱한 생각들을 하고 있으니 이게 진상이 제대로 밝혀질는지 제가 걱정이 되네요. 씁쓰름은 해요… 어떻게 살려는지.

12
팽목항에서 기억나는 일화

면담자   팽목에서 특별히 기억나는 일이나 그런 게 있으셨어요, 그때 계셨을 때?

미지 아빠   기억나는 거는 싸운 거밖에 없죠. 솔직한 이야기지, 의자 집어던지고 기물 파손하고 컴퓨터 부수고. 그게 와… 상대적인지 몰라도 당사자하고, 객관적인 입장인지는 몰라도 완전히 틀리더라고. 정부 측 애들하고 우리하고 차원이 틀려.

면담자   어떤 점에서요?

미지 아빠   우리는 너무 다급하잖아. 애들 저기서 빠져 있는데, 빠져 있으니까 구해야 되는데, 얘네들은 그게 없어. 진짜 누가 어느 하나가 책임을, 총대를 메고서 위에서 진두지휘하고 [그러면] 착착 잘 진행될 텐데, 어느 한 사람이 없어. 내가 이 사람한테 물어보면 또 이 사람한테 물어보고 이렇게 삥삥삥 돌아다녀. 아… 미쳐, 진짜 돌아버려, 돌아버려. 정치하는 사람들 세상이 언제나 바뀔는지 몰라도 진짜 정직해야 돼. 그래야 사람들이 믿고 따르지. 이 말로만 갖고선 진짜. 우리도 진짜 정치판, 언론 100퍼센트 믿었어요. 사고 나기 전까지는 '아, 정부가 이러는 가보다', '아, 이게 진짠가 보다' 그랬는데 막상 보니까, 당사자 되고 나서 보니까는 하나도 맞는 게 없잖아. 다 언론으로만 가지. 이거 뭐야, 정부가 이거 정규 방송을 딱 장악하고 있는 한 올바르게 전달되기는 힘들어요. 이 기자들도 자기네들이 뭐 소신껏 한다고, 우리가 그 현장까지 기자들 세 번인가 데리고 나갔었어요. 직접 내가 한 사람 데려왔었어. 배 타고 "너네들 여기 있는 거 보태지도 말고 빼지도 말고 그냥 있는 거만 좀 내보내다오", 그럼 자기가 "목숨을 걸고 한다"고 그래요, 그 팽목에서 현장까지 들어갈 때는. 그럼 배를 탔잖아, 촬영을 해다. 생방송이니까 9시 나와야 되잖아. 쏙 빠지는 거여. 안 나와. 걔 찾으러 가면은 없어요. 나중에 전화가 오죠. 자기가 소신껏 해도 위에서 다 자릅니다. 그럼 뭐 할 말이 없잖아. 걔라고 뭐 안 하고 싶어서 안 했겠어? 위에서 자르니까 못 하지. 아, 열받아. 우리가 밝혀지기 전까지는 외국에서 저게 먼저 나가서 밝혀진 거죠. 외국 방송도 안 들어왔으면 이거 안 밝혀졌어요. 국내 방송 가지고 전혀 안 밝혀졌어요. 맨 오보나 하고. 우리 학교 왔을 때 저는 "단원고등학생 전원 구조"라고 그래서 '야 다행이다, 애들 다 구했다니 좋다' 그리고 간 건데, 가보니까 완전 생판이잖아. 그러니까 대한민국의

95
•
2회차

민낯이 드러난 거죠. 박근혜 대통령도 하는 짓거리 보면은 민낯 드러나는 거 뻔히 알면서도 거짓말만 살살 하고, 이거 참 큰일이에요. 우리 국민들 살아가는 게 참 힘들 거야.

하튼 모르겠습니다. 이 참사가 나고 나서는 삶이 완전히 깨지고 행복도 날아갔고 삶의 의의란 모르겠어요. 그냥 밤이 오면 밤인가 보다, 낮이면 낮인가 보다. 그때는 참사 나기 전에는 애들이 있으면 '오늘 밤에는 뭘 했으니까 낮에는 뭘 했으면 좋겠다' 이렇게 기대를 하고 계획도 세웠었는데, 삶의 의미가 없어졌어. 나만 그런 것이 아니라 우리 유가족들은 많이 그런 분들이 많더라고요. 얼른 빨리 진상이 밝혀져서 가슴에 묻고 일상생활로 돌아왔으면 좋겠는데 언제가 될는지…. 하루속히 됐으면 좋겠는데. 그래야 가슴에 묻고 일상생활로 돌아와서 나머지 자식, 가정을 위해서 다시 또 살아갈 수 있을 텐데 힘들어요.

3회차

2016년 3월 31일

1
시작 인사말

면담자　　　본 구술증언은 4·16 사건에 대한 참여자들의 경험과 기억을 기록으로 남김으로써 이후 진상 규명 및 역사 기술에 기여하고자 합니다. 지금부터 유해종 씨의 증언을 시작하겠습니다. 오늘은 2016년 3월 31일이며, 장소는 안산시 정부합동분향소 기억과 약속의 방입니다. 면담자는 박여리이며, 촬영자는 김솔입니다.

2
2차 청문회 당시 상황과 느낀 점

면담자　　　오늘은 굉장히 오랜만에 뵙는데, 3차에서는 지난 2년간 어떤 활동 해오셨는지 저희가 여쭤보려고 하는데요. 최근에 청문회 있었잖아요, 그때 어떤 느낌을 느끼셨는지, 상황이 어땠는지, 준비 과정이라든지.

미지 아빠　　　청문회 간 것은 다른 게 아니라 그래도 어떤 증인자들이 어떤 이야기를 할는지 또 궁금해서 갔고, 과연 진짜 양심선언하는 사람이 있는가, 그리고 어떤 해수부가 어떤 것을 감추려고 하는가, 그것을 듣기 위해서 청문회를 참관했었죠. (전화 통화로 잠시 중단)

면담자   아까 다시 청문회부터 말씀해 주세요.

미지 아빠   청문회는 그래도 좀 시간이 흐르고 그 증인자들이
마음이 혹시나 양심선언할 수 있을까 그런 기대를 하고서 갔었죠.
첫날은 그래도 너무 기대에 어긋나는 사람들이 많았고, 지금도 자
기 지은 죄를 모르고 서로 미루고, 그런 모습 볼 때 참 안타까웠죠.
우리 자식들은 살아서 돌아오는 것도 없는데, 이제는 그 사람들이
양심선언을 해서 진실을 밝혀주면 좋을 것만 같았는데, 지금도 여
전히 자기보다는 남한테 미루기에 급급하고, 어느 누가 책임지지
않으려고만 하는 게 너무 화가 났었죠.
  그다음에 늦게, 그다음 날 나간 사람은, 그다음 늦게 오후에 나
온 사람은 그래도 자기가 크게 반성하면서 양심을 많이 드러내더
라고요. 그 "선사에서 기다리고 대기하라고 했었다"고 그런 이야기
도 나왔고, 그리고 또 자기가 사무장, 그 위에 선사 사무장한테 너
무 미안해서 더 이상 감출 수가 없다고 그러면서, 양심은 완전히 드
러낸 것은 아니지만 그래도 조금은 드러내서 마음은 조금은 괜찮
았죠. 그다음 날은 첫 번째 나왔던 증인들은 역시 자기가 하지 않
고 남한테 미루다가 해수부 [청해진해운] 직원들이 나와서 이야기하
는데, 서로 말을 하다 보니까 자기도 모르는 새에 엉뚱한 말을 해서
그게 좀 밝혀졌고, 밝혀진 게 뭐냐 하면, 국정원 직원이 자기네들이
[청해진해운 직원을] 위에[서] 만나서 밥을 사줬다고 그렇게 증언을
하더라고요. 누가 봐도 생각해도 그거는 말이 되지 않잖아요. 국정
원 직원들이 왜 할 일 없이 자기네들을 밥을 사주겠어요, 그죠?

자기네들은 아니라고 끝까지 우기더라고요. 만천하에 드러났으니까 국민들은 알 것이고, 판단할 것이고. 아, 국정원과 선사 직원이 무슨 관계가 있다는 것은 너무나 기정사실로 밝혀진 거고요. 3차 때는 어떻게 나올는지 모르겠죠. 3차 때를 다시 기대를 하면서 살아가는 거죠. 그리고서 우리 유가족들이 원하는 것은 특검으로 가야 되지 않나 이렇게 생각을 하는데, 아직 국회 쪽에서 그런 말은 언급도 안 하고, 그래도 여전히 감추려고만 하는 게 너무 화가 나요, 솔직한 이야기지.

3
참사 이후 몸의 상태

미지 아빠　　지금 유가족들은 몸이 많이 망가졌어요. 그때는 그쪽으로 싸움을 하고, 정신을 그쪽으로 팔리다 보니까 그때는 아픈 것을 못 느꼈는데, 지금은 조금 인제 시간도 흘렀고, 정신도 많이 해이해졌고 그래서 몸들이 많이 아파요. 정부에서 지원해 주는 건 3월 말로 끝난다고 이야기를 하더라고요. 그런 게 조금은 아쉽고, 정부 지원 해주는 것 같으면은 먼저 지원해 주는 것보다는 시간이 흘러서 몸이 많이 아팠을 때 지원해 줬으면 좋았을 텐데, 그런 게 아쉬워요.

면담자　　아프다고 하셨는데 어디가 아프신가요?

미지 아빠　　　저뿐만 아니라 우리 유가족들은, 저도 몸 굉장히 건강했어요. 아픈 데 없이 이날 이때까지 살아왔고 병원 한 번도 안 갔는데, 사고 참사 당하고 나서 시간이 좀 흐르다 보니까는 어깨 죽지도 아프고, 허리도 아프고, 왼쪽 무릎이 그렇게 아프더라고요, 그런 게 옛날에는 없었는데. 이게 우리 딸 보내고 나서 신경을 거기가 쓰다 보니까 아마 이제서 나타나는 것 같아요. 저희 집사람 같은 경우에도 지금, 그때는 아픈 걸 못 느꼈다가 지금은 많이 허리가 아파서 병원에 다니거든요. 거기서[병원에서] 이야기하시는 게 신경성이라 그러는데, 신경을 안 쓸래야 안 쓸 수가 없었잖아요. 자식 잃은 부모가 어떻게 그런 신경을 안 쓰겠어요.

4
4·16 참사 이후 가장 화가 났던 점

미지 아빠　　　그것도 이야기를 하길래 원래 이 나라가 (한숨) 너무 아쉬운 소리지만은 우리 유가족들한테는 참 너무 아니할 말을 많이 했고, 우리가 원하는 것은 정말로 잘잘못을 가려서 책임자 처벌을 하는 건데, 자꾸만 국민 여론을 몰아가서 우리를 나쁜 사람으로 만들어놓고, 그런 게 너무 참, 정말로 좀 갑갑하고 아쉽죠. 우리도 국민의 한 사람이고, 우리도 세금 꼬박꼬박 냈고 그런데, 나라가 국민을 한 사람 한 사람 다 지켜줄 의무가 있는데 그런 것을 안 해주는 것이 이 나라가 좀 한탄스럽죠, 국민의 한 사람으로서는….

미지 아빠 유해종

앞으로 우리가 해야 할 일은, 이런 참사는 다시는 일어나면 안될 것 같아요. 왜냐하면 지금 우리 유가족들은 사는 게 사는 게 아니거든요. 정말 죽지 못해 살고 있는데 너무 힘들어요. 겉으로는 우리 유가족들끼리 모여 있으면 똑같은 입장이니까 서로 아무 말도 하고 괜찮은데, 바깥에 나가서는 제대로 웃지도 못하고 말도 못하고 정말 힘든 나날을 보내고 있죠. 그래서 우리가 정말로 안전한 나라, 살기 좋은 나라를 만들기 위해서는 분명하게 진실을 밝히고 책임자 처벌을 해서 다시는 이런 참사가 일어나지 않도록 만드는 것이 우리의 임무일 것 같아요. 아휴… 정말로 힘들고 가슴 아파요. 그 자식들 먼저 보낸다는 게 어떻게 한편으로 생각해 보면 진짜 따라 죽지 못한 게 한스럽고 원망할 때도 있어요.

그게 보면은 저 같은 경우에는 특히 생일날, 생일날 아침에 일어나면 딱 그러면, 애가 있었으면 생일상이라도 이렇게 차려놓고 했을 텐데 그걸 못 해주고 먼저 보냈다는 게 너무나 가슴이 아프죠. 그날 하루는 진짜 온종일 죽고 싶다는 생각밖에 안 들었었어요. 그날도 뭐 우리야 산 사람 엄마, 아빠는 할 일이 뭐가 있겠어요. 자식이 잠들어 있는 곳 갔다 오고, 분향소 왔다 가고 그런 것밖에 할 수가 없었잖아요. 그래서 또 마음속으로 다짐을 하죠, 꼭 진실을 밝히겠다고. 이 싸움이 언제까지 갈는지는 그 누구도 아무도 알지 못하잖아요. 우리 세대에서 안 밝혀질 수도 있는 것이고, 아니면 또 뜻밖에 또 밝혀질 수도 있다고 생각되지만, 밝혀질 수 있으면 참 좋죠. 나 생전에 밝혀진다면 이다음에 가서 자식을 만났을 때 살아생전 너네들이 간 이유를 분명히 밝혀놓고 왔다라고 말할 수는 있을 거라고 생각은 하거든요.

아휴… 근데 모르겠어요, 지금 같으면은 어떻게 해야 될는지, 목적도 뜻도 없어요. 오로지 그냥 진실만 밝힌다는 그 생각으로만 살고 있거든요. 요즘에 저기 들어와서는 또 총선도 있고 그러니까 너무 어수선하잖아요. 이 어수선한 난국을 어떻게 극복해 나갈지 참 암담해요. 정말로 우리 유가족들이 바라는 것은, 그 어디든지 사고 나면 이유가 있잖아요. 누가 잘잘못을 했는지 분명히 밝혀 내야 되잖아요. 그런데 왜 정부는 그거를 안 하고 감추려고만 하는 지 너무 가슴이 아파요. 우리가 바라는 것은 정말 아무것도 없거 든. 애들 왜 그렇게 보내야만 했는지, 구할 수 있는 시간도 얼마든 지 많았었는데 그 시간을 다 소비를 했는지, 그야 말마따나 대통령 이 말하는 늘 골든타임, 그것을 왜 헛되이 보냈는지 그것을 알고 싶을 뿐이거든요. 그 알고 싶은 것을 우리가 그렇게 잘못된 건 아 니잖아요. 우리가 그것을 알아야 될 의무도 있고, 그 책임자 처벌 을 하는 게 마땅하잖아요, 자기 임무를 수행을 못 했으면. 근데 왜 그것을 안 해주려고만 하는지…. 너무 진짜 화가 나요, 막말로. 차 마 내가 할 수는 없잖아요. 그게 너무 아쉬워요. 그래서 저희 자식 하나 남은 애한테는 그러죠. "네가 먼저 간 누나를 위해서 할 수 있 는 게 있다면 다 하라"고 그렇게 이야기를 해요.

5
미지 남동생의 상태

미지 아빠   동생도 말은 안 하지만 트라우마가 많은 것 같더라고요. 집에 와서 내색을 안 하는데, 누나 있었을 때는 많이 웃고 이야기도 하고 그랬었는데 그게 많이 없어졌어요. 젊은 인생, 앞으로 구만리 같은 그 삶을 해쳐나가야 되는데 걔한테도 너무 못된 것만 보여줬고, 지금 그 애 앞길도 많은데, 정말로 진실을 밝혀서 순탄한 길을 가야만 되는데 그 길을 만들려면 크나큰 고난이 따르겠죠? 그 고난을 이기려면은 부모로서 꼭 해야 되는데 할 수가 있을는지 참으로 의문만 남아요. 그런데 우리는 부모잖아요. 그거를 분명히 밝혀야 될 의무가 있고, 그래야 나머지 자식들, 그래야 미래의 자식들이 이 나라에서, 정말로 안전하고 편안하고 행복한 나라에서 살 수 있도록 만들어야 될 우리 부모들이잖아요. 그래서, 우리 유가족들은 모르겠어요, 저 같은 경우는 그렇게 생각하고 있으니까, 내 삶은 여기서 끝날지언정, 우리 자식들을 위해서는 정말로 행복하고 아름다운 나라를 만들 겁니다.

면담자   그 아까 동생분이 트라우마가 있는 것 같다고 하셨는데, 요새는 어떻게 지내나요?

미지 아빠   미지 동생도 지금 고3이라 너무 힘들어해요. 학교, 대학교 가야 되고 공부도 해야 되는데 집에 와서는, 애도 우리 애는 너무 착했었어요. 정말로 사춘기도 모르고 집에 와서는 내색 한

번도 안 했으니까. 우리는 사춘기도 모르고 지나갔다고 그러지만 은 그래도 지 나름대로는 사춘기를 겪었을 거라고 생각은 해요. 부 모를 속 썩이지 않는 애들이었었고 그랬었다가 요즘에는, 요즘에 는 그래도 뭐 그렇게 트라우마는 있는데 그거를 자기는 내색을 안 해요. 친구들한테 가서 풀는지는 몰라도 집에 와서는 그래도 많이 웃으려고 엄마, 아빠를 기분 좋게 해주려고 많이 애를 쓰는 건 보 여요. 그러니까 그 마음은 오죽하려고요. 우리 부모 마음도 이런데 그 누나를 먼저 보내고선 자기도 온전한 생각으로는 살겠어요? 그 걸로 치면 자기한테 주어진 또 학교의 공부가 있으니까 집에 와서 도 힘든 표정은 안 하는데 몸으로 보이는 것 같아요.

면담자　　　어떤 점이 트라우마라고 생각되시는 건가요?

미지 아빠　　　집에 와서 자꾸만 웃는다고 이야기는 하는데, 부모 들하고 옛날 같으면 많이 이렇게 모여서 대화도 하고 그러는데 그 거를 잘 안 하고 들어가더라고요. 혼자 방으로 들어가서 혼자 방으 로 들어갔을 때 누가 무슨 이유가 있으니까 들어가겠죠? 우리는 문 도 안 열어보고 그냥 놔둬요, 풀어질 때까지, 자기가 나올 때까지. 그런 걸 보면 애들 '트라우마라는 것이 이런 것인가 보다'라고 생각 할 때가 많죠. 그 동생도 자기는 누나를 위해서 해주는 건 아무것 도 없는데, 뭐를 해야 될지는 자기도 뚜렷한 것은 없는 것 같아요. 그것은 여태까지 말을 한 번도 안 했는데, 지 마음속으로는 자기가 뭐 해야만 한다는 거를 조금은 있는 것 같아요. 자기들끼리 모여서 이야기는 하겠죠? 자기 친구들끼리 모여서는 부모한테는 부모가 속상해할까 봐 그래서인지 몰라도 이야기는 전혀 안 하더라고요. 한편으로는 좀 서운하죠. 자기 트라우마를 좀, 속에 있는 것을 털어놓으면 부모로서 이렇게 토닥여줄 수도 있는데, 그런 거를 이야기를 안 하니까 그냥 가만히 놔둔다는 게 부모로서는 너무 가슴이 아프죠. 아이고… 참으로 이 하루하루 산다는 게 너무 힘들어요. 옛날에는 참 그게 없었는데… 오로지 자식을 위해서 열심히 일하고 하루하루 사는 게 즐겁고 행복했었는데, 자식을 보내고 나니까는 삶의 의미라 그럴까, 그런 것을 다 잃어버린 것 같아요. 그때는 계획도 있었고, 계획을 위해서 뜻을 펼치기 위해서 그것을 좇아가면서 그렇게 했던 것 같은데, 지금은 그냥 하루가 밝아지니까, 눈이 뜨여지니까 사는 것 같고, 아무튼 좀 힘들어요, 살기가. 저 같은 경우에는 그래도 자식이 하나 남았는데 자식이 하나 있다가 간 부모들도 있거든요. 그 사람들은 참으로 내가 생각하기에도 살기가 힘들 것 같아요. 우리는 자식이 하나 있지만 그 사람들은 아무도 없잖아요. 그 자식 하나한테 온 정성 다 쏟고 자식만을 위해서 살아온 부모들인데 그 사람들은 어떡하면 좋아요.

6
1차, 2차 청문회 간 비교

면담자   청문회 두 번 있었잖아요. 그러면 1차랑 2차랑 비교

해서 다른 조금이라도 진전된 점이 있었다든가, 아니면 뭐 차이가 있었나요, 본인이 생각하시기에?

미지 아빠   유가족으로서는 차이가 있다고 볼 수가 없겠죠. 제3의 사람으로 봤을 때는 좀 차이가 있었다는 생각은 들는지 몰라도 우리는 진짜 확실한 것을 바라잖아요, 우리가 이야기를 하는 것은. 근데 그 사람들은 여전히 없던 말도 꺼내고 그 선장 같은 경우 자기가 뭐 퇴선 명령을 내렸다는데, 내린 근거도 없는데 그렇게 말을 해놓고 이야기를 하면은, 다른 국민들이 보기에는 또 그럴 것 아니에요. '선장을 퇴선 명령 내렸는데 왜 안 살려, 왜 안 나왔을까?' 이렇게 의문을 가질 거잖아요. 그러면 선장의 의무는 다했다는 생각밖에 안 들 거잖아요. 그 안에 청문회 봤던 사람들은 그걸 믿을 수가 없잖아요. 먼저 1차 청문회 때는 자기는 안 했다 그렇게 발언을 해놓고서 왜 2차 때는 또 그렇게 발언을 했는지, 아니면 또 위에서 시켰는지, 우리가 이렇게 의구심만 가질 수밖에 없어요. 1차 때는 자기가 퇴선 명령 안 내렸다고 이야기했었거든요, 분명하게. 그런데 2차 때 나와서는 또 자기가 퇴선 명령 했다고 증언을 하더라고요. 그러니까 우리 유가족으로서는 너무 화가 나는 거죠. 우리는 생각하기에 '아, 이것도 시켰나 보다' 그런 생각밖에 안 들죠. 이게 더 화가 나는 거죠. 모르겠어요, 나는 그 입장이라면 정말 왠지 자기가 그렇게 나이도 먹고 그러면 양심선언해 갖고 죄를 씻는 마음에서, 유가족들한테 미안한 마음에서 올바른 말을 했을 것 같은데, 여전히 자기만 피해 나가려고 하는 게 뭐 싫어요, 그런 사람들은.

누구나 유가족으로서는 똑같이 아마 느꼈을 거예요. 1차 때보다 2차 때를 더 기대를 많이 했었는데, 더 못하니까 실망도 큰 것이고. 국정원과 해수부하고 또 선사하고 이렇게 연관이 되어 있다는 것, 그것만은 확실한 것 같아요. 그래서 우리 유가족들은 정말로 바라는 것은, 특검을 가서 확실하게 밝혀냈으면 좋겠어요. 정말로 그 사람들, 책임자, 죄 지은 사람들은 죄를 받아야 되잖아요. 벌을 받아야 되잖아요. 그런데 꼬리 자르기로만 해놓고 123정장만 지금 들어가 있는데, 그 사람은 위에서 시켜서 한 것뿐일 텐데, 그 위에 더 올라가서 정말로 진실을 밝혀서 죄를 씌워야 하는데, 찾아내고 벌을 받아야 되는데 그걸 못 한다는 게 좀 아쉽죠. 그래서 이번 총선에서도 정말로 좀 바뀌었으면 좋겠는데 그게 얼마나 실현이 될지 궁금해요.

7
진상 규명 활동하며 기억에 남는 일화

면담자　　지난 2년 동안 굉장히 많은 활동을 하셨는데, 간담회도 많이 다니셨잖아요? 그럼 다니신 것 중에 기억에 남는 간담회가 있으셨는지.

미지 아빠　　간담회 갔을 때마다 기억은 다 남아요. 그거 지역마다 가면은 우리하고 똑같은 입장에서 봐주는 사람들이 많았었거든요. 거기 오시는 분들은 정말로 똑같이 슬픔을 나누고 아파하고 그

랬을 때는 우리 간담회 갔던 사람들 참 위안을 많이 받고 오죠. 그
런데 그때는 거기서 위안을 받아도 또 나와서 여론을 통해서 들어
보면 또 너무나 슬프죠. 그 우리하고 똑같은 슬픔을 나눈 사람은
소수에 불과해요. 우리는 나와서 국민들 대다수가 그런 줄만 알았
는데 그게 아니더라고요. 그런 게 너무 아쉬워요.

저 같은 경우에는 간담회 갔을 때, 무주 갔을 때, 자연고등학교
갔을 때 그 학생들이 많이 기억에 남아요. 우리 딸하고 똑같은 나이
에서 우리 부모들 이야기를 한 것을 듣고서 자기네들도 가만히 있으
면 안 되겠다, 자기도 많이 돕겠다 이런 말을 해줄 때 참 힘이 나고
좋았어요. 그 학생들이 서울 집회에 오면은, 걔네들도 와요 지금
까지도, 이렇게 오면은 너무 고맙죠. 그 어린 애들이 자기 친구들 같
은 애들이 그렇게 죽음을 알고 싶고 그렇게 발 벗고 나선다는 게 유
가족으로서는, 유가족으로서는 너무 좋죠. 기분도 좋죠. 근데 또 한
편으로는 가슴이 찡하죠. 그만한 나이의 공부만 했었던 아이들인데
나와서 저렇게 한다는 게 가슴이 아파요. 이 세상 살아가는 게 그런
것 같아요. 이러지도 못하고 저러지도 못할 때가 많아요. 이럴 때는
좀 이렇게 해줬으면 좋겠고 저럴 때는 저렇게 해줬으면 좋겠는데,
이게 뜻대로가 너무 안 되죠. 아이고… 정말로 모르겠습니다. 제 인
생이 어디까지 주어질지는 모르지만 내 인생은 아마 진실을 밝히는
데 아마 올인할 것 같아요. 진실이 하루 속히 빨리 왔으면 좋겠어요.
그래야 자식을 가슴에 묻고 남은 인생 또 하나의 자식을 바라보면서
살 수가 있을 텐데 그날이 빨리 오기를 기다리며 살고 있어요.

미지 아빠 유해종

최종적으로 아쉬운 것은 지금 애들이 세 군데 나뉘어져 있잖아요. 추모시설이 얼른 돼서 애들이 한군데로 다 모이고 합동제도 지내고 그랬으면 좋겠는데, 이것도 너무 또 실연의 아픔을 겪어야 되지 않을까라는 생각이 또 들어요. 지금도 부지 선정도 되어 있지도 않고, 이런 게 너무나 유가족으로서는 가슴이 아프고 유가족이 나서기 전에 정부가 미리 알아서 해주면 좋으련만 해주지는 않고 참으로… 감추려고만 그러는 게 너무 아쉽죠. 우리가 바란다는 것보다는 원래 그렇게 해줘야만 되는 것 아닌가… 되묻고 싶어요. 정말로 우리는 가슴이 너무 아픈데 치료는 못 해줄망정 아픔은 주면 안 되잖아요. 그렇지 않아도 아픈데…. 그러니 이 정부를 상대로 싸운다는 것은 계란으로 바위치기인데, 계란으로 바위 치다 보면은, 계란이 깨져서 앉고 앉고 하다 보면은, 세월이 흐르다 보면은 바위도 갈라지지 않을까라는 기대를 걸며 살아가고 있어요. 그런데 몰라요, 제 생각은 그런 것 같아요. 분명히 진실은 밝혀진다고 생각해요. 언젠가는 진실은 꼭 밝혀질 것이라고 확신해요, 나로서는.

면담자　　　그러면 처음에 진상 규명 활동은 어떻게 시작하게 되셨는지요?

미지 아빠　　처음에 활동은 『금요일엔 돌아오렴』 그 책을 썼어요. 그런데 그 책 나오기 전에 책 나오면서 콘서트를 하자고 그래서 처음서부터 저는 다녔거든요.

면담자　　　그 책은 어떻게 쓰게 되신 거예요? 어떻게 참여하게 되신 거예요?

미지 아빠 　　　그때 서명운동 받으러 다니다가 저기 어디야, 조치
원역, 조치원역에 서명받으러 다니다가 우연치 않게 그 기자라고,
작가라고 그래. 그 작가, 그때는 작가인지도 모르죠, 그냥 평범한
시민인 줄 알고 우리 도와주러 온 사람들인 줄 알고 그랬거든요.
그런데 천안역에서 저쪽에서 막 싸우더라고요, 어떤 시민하고. 그
시민이 뭐 애들 몇 명 죽고 살은 건데 너들 때문에 장사도 안 되고
막 그러고 싸우더라고. 그래서 그분을, 가서 이야기했죠. 아휴 왜
그러시냐고, 그랬더니 이만저만해서 이렇게 되었다고, 제가 그러
시지 마시라고. 다니다 보면요, 이것보다 더한 소리도 많이 듣고
애먼 소리 많이 들어요, 참으시라고. 그래서 같이 토닥하면서 나왔
어요. 그랬더니 나중에 저한테 왔더라고요. 어떻게 되냐고 그래서
나 유가족이라고… 그랬더니 이야기를 하더라고요. 자기가 작가인
데 인터뷰하면 안 되겠냐고. 인터뷰라고 할 게 있어요? 제가 할 게
뭐가 있다고 그래서 몇 번 망설였었어요. 그렇게 계속 오시더라고.
한 서너 번 오셔가지고, 그래 가지고 내가 이야기로 하는 게 그때
는 또 그렇게 생각이 들더라고요. 우리 딸은 없지만 우리 딸의 좋
은 추억 있었던 것 이야기해서 많은 시민들이 그 책을 보고 '아, 이
아이는 이렇게 살다 간 애로구나'라고 생각하면 좋을 것 같아서, 그
래서 그때서부터 응하기 시작했죠. 그게 우연한 기회예요, 그것도,
그 사람이 그렇게 싸워줄 줄도 몰랐고, 내가 거기 가서 그렇게 말
할 입장도 솔직히 아니었는데 내가 왜 그렇게 대했는지. 그 사람

이 처음에 그러더라고요. 되게 어려웠대요, 나를. 말도 안 하고 너무 과묵하게 있어서. 내가 세 번째인가 그때부터 말문을 열고 서로 하다가 그렇게 책을 쓰게 됐죠. 알고 보니까 그게 그때서부터 나눠져서 쓰게 되었더라고요. 작가, 그때 13명이 나눠서 하더라고요. 그래서 1반에는, 우리 반에는 지성이하고 나하고 갔고, 각 반에 두 명씩 해서 다 썼더라고요. 나중에 그 사람들이 한군데 모여보니까 13명이더라고. 그 작가분들이 '이거를 그냥 책으로만 낼 게 아니라 콘서트를 한번 해보자' 그래서 그때부터 시작하게 되었죠. 저희가 제일 먼저 콘서트를 시작해서 전국에 다 돌아다니고 그러다가 콘서트가 끝나니까 간담회를 돌렸어요. 그 지역마다 또 다니면서 간담회 다 했고, 어디서 원한다 하면 다 유가족으로 나갔고, 그러고 하면서 지금 여기까지 온 거죠, 지금까지. 그래 지금들은 학교, 이런 데로 다니면서 하고 있죠.

면담자　　　　처음에는 그 서명운동만 하셨던 거예요? (미지 아빠 : 네) 그러면 서명운동은 언제부터, 아이를 보내고 나서 바로 참여하시게 된 건지.

미지 아빠　　　　아니죠. 미지는 좀 늦게 왔어요. 한 달 만에 올라와서 그때 체육관에 있을 때도 너무 힘들었죠. 그 360명, 한 400명이 다 있다가 자꾸자꾸 빠져나가면서 자리가 텅 비었을 때는 가슴이, 이 가슴이 오므라들고, 피가 거꾸로 솟고, 별별 생각 다 들어요. '내 새끼가 안 나와서 혹시 유실되면 어떻게 할까'. 한 20여 명 남았을 때 그런 생각은 더 들어가죠. 자꾸만 생각나고. 그 큰 체육관에 덩그러니 있을 때 몇 명밖에 없을 때는 너무 허무하죠. 그래서 '야… 이거 내 새끼는 정말로…' 그게 혼자만의 생각이죠.

'우리 애가 실종돼서 없어지면 어떡하지' 그러다가 이러고 있으면 안 될 것 같아서 중앙, 중대본부 군청 거기 가서 중대회의에 들어갔을 때 막 싸우고, 우리 딸이 SP1에 있었는데 거기가 좌현이거든. 좌현이 기울어져서 거기 못 들어간다고 그랬었거든. 그런데 우리 딸이 잠자는 방이 거기였었어. 그래서 막 싸우고, 몇 번 싸웠었어요. 그러다가 한 27~28일, 27일 날 정도, 그날은 바람도 많이 불고, 그래서 가서 싸웠더니 해수부 장관이 그러더라고, 오늘은 SP1에 무조건 들어가라고. 그래서 들어가는 것 보다가 가면, 바지선에 나가면 [잠수사가] 들어가지도 않아요. 그 왜 안 들어가냐 그러면 무너져서 들어갈 수가 없다고 그래요. 몰라, 우리는 그 배 안에까지 들어가 보지를 못하니까는 무너지는지 안 무너지는지 모르지만은 그렇게들 이야기해요. "그러면 어떻게 할 거냐" 물어보니깐요, 정부에서는 자기네들이 나서서 해주는 건 아무것도 없어요. 매뉴얼이 하나도 없어요. 우리 그때 실종자 가족들이 방안을 내놓으면 "이렇게, 이렇게 한번 하자고 해봅시다" 그러면 "그렇게 한번 해보겠습니다" 그렇게 하죠, 자기네들이 그 매뉴얼을 하나 해서 이렇게 계획 세우는 건 아무것도 없어요.

미지는 거기는 막혔으니까 통로를 내자고 그렇게 했는데, 29일 날 그때서부터 미지 있는 대로 해가지고 절단을 하면서 거기 집중

미지 아빠 유해종

수색하면서 5월 15일 날 그때 여섯 명이 올라왔어요, 여섯 명. 남자 둘, 여학생 세 명. 아, 남자가 셋, 여학생이 둘. 그런 게 그 현황판에 뜨는 게 우리 딸하고 비슷하게 떠서 무조건 팽목항으로 갔었죠. 그러기 전에 미지 엄마는 동생 학교 보내기 위해서 이틀 전에 올라왔었고. 그러다가 애가 비슷한 애가 나왔길래, 팽목항 가서 그때는 애도 안 보여주고 옷 사진 찍은 것만 컴퓨터에서 하나하나 대조하는데, 나는 아무리 부모라도 딸이 뭘 입고 뭐라는 거는 잘 모르잖아요. 그래서 엄마랑 통화하면서 하나하나 이제 되짚어가면서 하는데, 거의 한 70프로는 맞더라고요. 그런데 내 딸은 태어났을 때부터 오른쪽에 무릎에 2센티 정도 되는 점이 있어요. 그 하시는 분이 보이는 면은 살이 없고 다 망가졌어도 속에는 그대로 있다고 그러더라고요. 그래서 내 딸은 그 오른쪽 무릎에 점이 있으니까 그것 좀 확인해 달라고 그러니까 갔다 오더니 맞다고 그러더라고요. 그 소리 듣고 나니까 그때는 뭐 어떻게 되었는지 조금… 뭐 깜빡했죠. 그래서 조금 있다가 딸이 있는 쪽으로 갔는데 그 하시는, 그 담당하시는 분이 그러더라고요. "아이고, 아버님. 이왕 이렇게 된 것, 평소에 좋은 모습만 기억하시는 게 좋을 것 같습니다"라고 하더라고요. "안 보셨으면 좋겠습니다" 그러더라고. 그런데 왜 또 그 당시에는 그 소리가 정말로 (한숨) '좋은 모습만 그려야지, 생각해야지' 그러면서 보지는 못했어요.

그날 나와서 그때는 바로 애를 인계를 안 해줬었어요. 왜냐하면 먼저 그렇게 해가지고 바로 자기 애라고 데리고 올라갔는데 아니라고 그래 가지고 바뀐 적이 한 서너 번 있었거든요. 그래서 DNA 검사를 해갖고 DNA 검사가 맞으면 애를 주고 그랬었는데, 16일 날 올라와서 미지를 보내고 났는데, 그래도 거기 나머지 같이 있던 사람들이 너무 그립고, 똑같은 입장에서 생각해서 미지 보내고 있다가 다시 또 체육관으로 내려갔죠…. 그런데 체육관 내려갔는데 그분들을 보기에 좀 미안하더라고요. 나만 올라와서 죄 지은 것도 같고…. 가서 많이 위로해 줄 말이 없어요. 그래서 어깨 토닥거리고 그냥 아휴 미안하다, 내가 먼저 올라와서 미안하다 이런 소리밖에 할 수가 없고. 그러고 있던 게 지금까지 안 나온 애들이 우리랑 똑같이 있던 애들이거든요. 현철이, 미지, 은화, 양승진 선생님 다 그쪽에 있었는데, 그때 거기 있었을 때는 서로 이제 똑같은 입장이니까 농담 같은 것도 잘했고, 우리 서로 사돈하자고, 미지가 반장이니까 애들 다 데리고 올라올 거라고 걱정하지 말라고, 다들 그렇게 막 웃으면서 이야기했다가, 미지만 올라오니까는 (한숨) 그것도 죄지은 것 같아서 너무 싫더라고요. 그런데 또 그 사람들은 또 우리한테 축하한다고 그러는 게 그게 축하받을 일은 아니잖아요. 그런데 그 당시 그 소리가 또 고맙더라고. 참… 인생이, 인생이 너무 비참하더라고요. 이런 상황에서도 미안하다고 그래야 되고 또 축하해야 된다는 말이 오고가는 게, 그 자체가 싫더라고. 정말 똑같이 올라오고, 똑같이 올라오면 괜찮은데 나만 올라오는 것도 죄, 그 사람들한테는 죄 지은 것 같고.

지금도 만나지는 못해요. 얼굴을 볼 수가 없어요, 서로. 전같이 똑같이 입장이라면 막 가서 껴안고 막 그러는데, "어떻게 잘 지내세요?" 이런 말만 오고 가지, 그때 만약에 가서 포옹도 하고 그런 말도 못 해요. 그 심정은 누구보다 제가 더 잘 알죠. 저도 미지도 늦게 나와서 그 마음을 알거든요. 은화네나 현철네나 영인이나 부모로서는 정말로 살기 힘든 하루하루일 거예요. 늦게 나와보지 않은 사람들은 그 심정을 조금 몰라요, 그 심정을. 먼저 나온 사람들은 그 마음을 조금 이해를 못 할 거예요. 자식 잃은 건 똑같겠지만 그 늦게까지 남았던 그 심정은 이해하기가 힘들 거예요. 은화 엄마가 저렇게 인양 쪽에만 신경 써서 하는 건 당연해요. 내 새끼를 봐야 뭐가 되도 되죠. 내 새끼를 못 보면 진짜…. 그 [목숨이] 산목숨이 아니에요, 산목숨이…. 너무 비극적인 현실이에요.

면담자　　　그러면 내려와서 만나고 올라와서 바로 서명운동 참여하시게 된 건가요?

미지 아빠　　　그러고선 일주일 있다가 서명운동 참가했죠.

면담자　　　어떤 유가족분들은 아예 활동 참여 안 하시고 다른 데로 이사하시거나, 너무 괴로우니까 그렇게 하시는 분들도 있으신데, 어떻게 참여를 결심하시게 되셨는지.

미지 아빠　　　글쎄, 뭐 생각은 조금 틀리겠지만 너무 억울하더라고요, 나 같은 경우는. 아니 내 자식이 왜 죽었는지, 그 살 수 있는 시간도 많았었는데. 그리고 또 전원 구조라는 이야기도 다 했는데 왜 하나도 못 살렸는지, 그 이유는 꼭 알고 싶더라고. 알고 싶은데 내가 할 것은 아무것도 없잖아. 그렇다고 능력이 있어, 빽이 있어, 뭐가 있어, 아무것도 없잖아. '아, 우리가 힘을 모아서 하나로 가는 것은 데에만 집중하겠다' 그래서 서명운동을 다니기 시작했죠. 우리 반에서도 참 부모로서 그렇게 생각을 가지면 안 되겠지만, 빨리 포기하는 사람들도 있더라고요. 어떻게 정부랑 싸워, 자기는 못 하겠어, 안 다녀, 싫어. 그래 서명운동 안 다닌 사람도 많아요. 그런데 모르겠어. '부모라면은 자식한테 미안하지도 않나?'라는 생각을 저는 분명히 해요. 아니 왜, 하다못해 저기 뭐야, 도로에서 교통사고 나서도 잘잘못을 따지고 그러는데, 하물며 바닷속에서 사고 난 건데, 참사 난 건데, 아니 걔네들 분명히 산다고 살 수 있었다고 다 구해줬다고 그랬는데 왜 하나도 못 살려냈는지 이유는 분명히 알아야 되잖아. 부모로서는 알 권리도 있고, 당연히 알아야 되는 건데. 그래서 저 같은 경우는 그렇게 생각했어요. '내가 도움은 못 돼도 피해는 주지 말자. 가족들이 모여서 하는 거는 내 머리로는 안 되겠지만 몸으로 할 수 있는 것을 하자'. 그래서 그때서부터 다니기 시작했어요. 전국 방방곡곡으로, 서명운동, 뭐 한다 그러면 다 참석했었고. 그러다 보니까 오늘날까지 온 거죠, 뭐.

그런데 모르겠어요, 저희 부모들도 마음 생각하는 게 똑같지는 않더라고요. 우리 반 같은 경우도 그래요. 지금 같이 안 하는 사람들도 몇 가정 있어요. 그 사람들은 뭐 처음서부터 안 한다고 그러더라고. 그렇다고 우리가 하는 부모로서, '야 너네들 왜 안 해' 이렇게 강요는 못 하겠더라고요. 자기 새끼인데, 우리가 자기네 새끼까지 알아서 해주는 건 없잖아요. 그냥 서로 그냥 했으면 좋겠다라는 생각들만 하는데 안 해주는 부모들도 많아요. 우리 1반 같은 경우에도 한, 반 정도? 한 3분의 2 정도는 다 한마음으로 가고, 몇 가정은 빠졌어요. 근데 빠진다고 뭐라 할 사람은 없잖아요. 우리 반도 지금 보면은, 여기 분향소에도 당직을 돌아가면서 하는데도, 보면은 나오는 가족만 나와요. 그 사람들이 다 똑같은 심정이니까 그러겠죠. 나 같은 경우에는 부모로서 생각하는 게 너무 차이가 많이 나니까 속상하죠. 같이, 하나보다 둘이 낫고 둘이보다는 셋이 나은데, 자식은 잃은 건 똑같은데 부모들 생각이 좀 틀리니까 너무 아쉬움이 남아요, 나로서는. 똑같은 부모면 똑같이 행동해 주고 그랬으면 좋겠는데, 그게 아닌가 봐요. 그래서 지금까지 하시는 부모들은 계속할 거예요, 아마. 지금 남아 계신 분들은 끝까지 아마 [진실을] 밝힐 거라고 생각을 해요.

8
서명운동

면담자   그 아까 서명운동 다니시면서 별일 다 본다고 하셨는데, 혹시 기억에 남는 사건이나 있으셨는지요?

미지 아빠   사건 많죠. 경주 갔는데, 거기는 서명운동 받으러 갔는데 이렇게 좌대를 쫙 펴놓고 서명운동 받잖아요. "어디서 서명받으러 왔습니다" 그러니까는 "너네들이 여기를 왜 왔어. 왜 박근혜 대통령을 너네가 흔들어" 이러는 사람들도 많아요.

면담자　　　어떤 분들이?

미지 아빠　　　노인네들이. "그게 아니라고요. 우리는 그런 뜻으로 나온 게 아니라 우리 애들이 왜 이렇게 되었는지 그 이유를 밝혀달라고 나와서 서명운동 받습니다". "나라에서 다 해주는데 너네들이 왜 이 지랄을 떠들고 돌아다녀". 거기서 너무 기억이 많이 남아요. '어떻게 자기네 식구들도 자식을 잃은 그런 생각을 안 해봤을까' 그런 생각도 해요. '저 사람은 진짜 자기 자식들이 죽어도 저럴까' 그런 생각을 해봤어요.

　　　전주도 갔는데, 전주는 서명운동 받으러, 거기는 또 완전히 틀려요. 거기는 99.9프로가 다 해줘요. 거기는 광주사태도 경험을 했었고, 그런 것 때문에 그런지 몰라도 다 해줘요. 거기는 교육감님부터 나서서 다 해줬어요. 자기네 직원들 전부 다, 그 교육청 다 들고 와가지고 층층 다 돌아다니면서 그 부서마다 다 해줬어요. 그래서 완전히 대조적인 [모습이] 기억이 남아요, 서명운동 받으러 다녔을 때.

　　　그리고 나머지 대전이나 이런 데 갔을 때는 그냥 평범해요. 반반. 나이 드신 분들은 욕하고, 젊으신 분들은 [서명]하고. 대전 같은 경우는 또 학생들이 많이 해줬어요. 지역마다 이렇게 차이가 있어요. 하여튼 대구, 대전 이쪽으로가, 대전도 우리는 1반은 대전으로 많이 내려갔거든요. 한 세 번, 네 번 정도 내려갔었는데 거기는 완전 대조적이에요. 나이 드신 분들은 안 해주고 젊은 분들은 해주고 이랬어요. 그래서 참 나이 드신 분들이 나잇값을 못 한다는 생각을 많이 했어요. 나는 나이 먹으면 저렇게 되면 안 되겠다는 생각도 많이 들고. 정말로 생각하는 게 진짜 너무 대조적이야. 그 뭐 팬이라고 그럴까? 당원이라고 그럴까? 그런 게 너무 차등화가 되어 있어. 정말로 한 번쯤은 입장을 바꿔놓고 생각을 해보면은, 저는 언제나 그렇게 생각을 해요. 이렇게 가다가도 위기 상태나 불상사 같은 것 일어나면 한번 입장을 한번 바꿔서 생각을 해볼 때가 많아요. '아, 내가 저 입장이었으면 어떻게 되었을까?' 이런 생각을 좀 많이 하게 돼요. 그래서 옛날에는 정말로 저도 서명운동은 왜 하는지를 이유를 몰랐어요, 솔직한 이야기지. 그런데 자식을 보내고 나서 보니까 '아, 이러니까 저분들이 저러는구나'. 그래서 이해를 많이 했죠.

우리도 많은 깨우침을 받았어요. 솔직한 이야기지. 그렇게 저기 왜 노사분규를 해야만 했는지, 저는 '왜 노사분규를 할까?' 그냥 지나칠 때가 많았었거든? 그런데 우리 자식을 보내고 나니까는 '아, 정말로 알아야 되는데 누가 해주는 사람이 없으니까 수단과 방법을 가리지 않고 하는 모습. 저런 게 집회하고 노사하고 우리가 동참을 해야 되겠다'는 생각이 이제 너무 많이 드는 거지. 우리가 직접 당해보니까 '아, 이런 이유 때문에 저분들이 저렇구나'. 그 제주도 사건도 그렇고, 의정부 사건도 그렇고, 보면은 다 '아, 이유 없이 하지는 않는구나. 분명한 이유가 있는데, 밝혀지지 않고 힘드니까 저걸 하는구나'. 저희들도 서명운동 누가 한다 그러면 가서 물어보고 왜 하느냐 물어보고, 용기도 주고 힘도 주고 그러죠. 위안부할머니들, 참 그분들의 마음속은 알죠. 힘들게 살고 그런 건 알았는데 직접 우리가 몸으로 부딪히지 않았었죠. 마음적으로만 생각하고 그랬었는데, 이걸 딱 하고 나서는 '아, 저분들이 저렇게 살아왔기 때문에 우리가 지금까지 살고, 이 나라도 살고, 사는 건데 우리가 그걸 좀 몰랐었구나' 마음만 했었지 몸은 안 갔었거든요. 그래서 몸도 가서 [힘] 많이 실어주고 그랬거든요. 우리가 애들 때문에 교훈은 많이 받았어요. 정말로 진짜 인생을 헛살을 뻔했었는데 올바르게 살게끔 해줬어요. 정부가 그렇게 만들었겠죠. 정부가 그렇게 안 만들었으면 좋았을 텐데, 정부가 그렇게 만들고 있으니까는, 맞서 싸워야 되잖아요. 그래서 우리는 한 사람 한 사람으로서는 정말로 그 일을 할 겁니다.

밝혀질 때까지 다 해야 되는데 우리 대에서 밝혀졌으면 좋겠고, 그게 바람이죠. 하루속히 빨리 진실이 밝혀지면 좋겠는데, 어떻게 될는지는 모르겠지만은 우리는 최선을 다해서 분명하게 할 겁니다. 밝혀질 때까지, 세상 밖으로 드러날 때까지. 그러니까 국민들이 많이 좀 도움을 줘야 되는데, 도움을 진짜 바라고는 있지만, 그것이 안 된다면 우리 스스로 헤쳐나가야 되겠죠. 그래도 우리의 힘으로는 부족해요. 그 어마어마한 정부라는 상대랑 싸우려면 너무나 힘들어요(한숨). 모르겠습니다. 정말로 얼른 진실이 밝혀지고, 자식을 가슴에 묻고, 나머지 인생 또 삶을 느끼면서 살아가야 될 텐데 그날이 언제 올는지, 참 속상할 뿐이에요.

면담자   지금 2주기 준비하느라 한창 바쁘신데 뭐 어떻게 진행되고 있는지 여쭤봐도 될까요?

미지 아빠   2주기는 각 분야에서는 열심히들 하죠. 간담회 팀은 간담회 팀, 공방 팀은 공방 팀, 대책위에서는 대책위 나름대로 다 이제 하고, 대책위에서 준비하면 우리 팀에서 모였다가 행사나 집회나 이런 것 하면 다 모여서 하고. 지금 2주기 때는 아마 행사도 많고 집회도 좀 있을 것 같은데 아직 비밀리에 하기 때문에, 왜냐하면 누가 그거를 보내는지는 몰라도 금방금방 알아요. 그래서 비밀리에 좀 하고 있거든요. 2주기 됐다고 하면 하게. 미리 이야기를 하면 어떻게 퍼뜨려나가는지 몰라도, 정부 뭐 쪽에서도 이렇게 알아가지고 언론 쪽에서 알아가지고 막 퍼뜨려놓더라고.

9
아빠공방 관련

면담자   아빠공방은 언제부터 참여하시게 된 거예요?

미지 아빠   아빠공방도 우리가 참여하려고 그랬던 게 아니고, 종교 단체에서 아빠들이 직장도 잃고 힘들어하고 트라우마도 많고 그러니까는, 한 날은 종교 측에서 이런 걸 공방 쪽에 이런 걸 한 번 해보지 않을, 해보면 괜찮지 않겠느냐고 물어왔었대요, 먼저 하셨던 분들이. 그래서 한 날은 그러더라고요. 아빠공방을 모집을 했었어요. 엄마아빠공방. 처음에는 아빠만 할까 그러다가 엄마들도 하면 괜찮겠다 그래서 엄마들도 했었고. 처음에는 아빠공방, 처음에는 시작도 안 하고 종교 단체에서 이거 해주고 저거 해주고 한다 그래서 지원해서 했었죠. 여섯 사람이, 여섯 사람이 지원을 하고, 엄마들은 열세 분인가 그렇게 했었고. 그러고서 시작을 했는데, 시작을 하다 보니까 조금씩, 조금씩 갖추다 보니까 여기까지 왔는데, 아빠들은 한 분은 바깥에 일이 많으셔 가지고 그만두시고 나머지 지금 다섯 분들은 계속 계시거든요. 엄마들이 1기는 졸업을 했어요.

2기를 다음 달에 모집을 하거든요. 몇 명이 동참하실지는 모르는데 엄마들도 그때는 처음이라 목사님, 가르쳐주시는 분이 다 해줬거든요. 1기 졸업생 하신 분들은 할 줄을 몰라요. 그래서 그것보다는 지금 현실적으로 배워서 직접 한번 해보게 엄마들도 2기는 그렇게 모집을 하거든요. 그렇게 하려고 그러고, 우리 아빠들은 1기들은, 먼저 온 사람들은 계속 가고요, 2기를 다시 들여올 거거든요. 우리가 지금 여기만 보는 게 아니라 앞길을 보고 하거든. 그래서 협동조합, 한번 만들어볼 생각으로 하고 있어요. 그런데 이게 언제 될는지는 몰라도 그쪽으로 가지 않겠나 생각을 하면서 지금 하고 있어요. 저기 나무 이렇게 만지고 있으면은 시간 가는 줄 모르게 금방 가요. 지금 하시는 분들도 지루하지 않게 하고 기분 좋게 재밌어하고 있어요. 내일, 모레 5월 14~15일 날 '엄마하장' 하는데 물건 만드느라고 좀 바쁘죠. 전부 다들 소임을 다해서 누구누구 이거 만들고 저거 만들려고 다 만들어서 각자들 만들고 싶은 것 만들어서 출품하려고 다 각자 만들고 있어요. 아마 5월 14~15일 날 그때는 첫 번째보다는 많이 솜씨들이 좋아졌거든요. 그때는 물건들이 좀 나오지 않을까 생각을 좀 하고 있어요.

면담자   아빠공방에 참여하시면 뭐랄까, 마음적으로 위안이 되나요? 도움이 되나요?

미지 아빠   도움이 많이 되죠. 나무 만질 때는 오로지 거기만 신경 쓰니까는 다른 생각이 안 들죠. 사람이 손발 움직인다는 게 너무 좋아요. 그때는 아무것도 안 하고 손발 안 움직였을 때는 온갖 잡생각이 많이 들었거든요. 오직 새끼 생각밖에 안 들었거든요. 그런데 그거 만질 때만큼은 새끼 생각도 안 나고 거기다만 쏟으니까 많이 힐링도 되고 도움되는 것 같아요, 나무 냄새도 좋고. 아직 조금 더 배워서 주위에서 주문받으면 그것도 좀 만들어드리고 싶은데 아직까지는 그럴 실력이 못 돼서 지금 배우고 있는 단계예요. (기억과 약속의 방 의자를 가리키며) 이것도 다 만든 거예요.

면담자   그렇구나. 되게 많이 만드셨네요.

미지 아빠   아니에요. 조금 더 많이 배워서 정말로 진짜 잘 만들어서. 우리도 도움을 많이 받았잖아요. 이웃에도 도움을 받은 걸 베풀어야죠. 모르겠어요, 아무래도 그렇게 생각하고 있는데, 그게 현실을 향해서 달려나가야죠.

10
신앙과 교회

면담자   아까 종교 이야기가 나와서 여쭤볼게요. 신앙 있으시잖아요. 있으시다고 말씀하셨던 것 같은데, 혹시 신앙적으로 참사 이후로 변화가 있으셨는지요?

미지 아빠   변화가 있죠. 참사 이후 교회를 나가지를 못했어요. 그것도 글쎄… 핑계 아닌 핑계라고 그럴까요. 이런 말하면 좀 목사님 욕 먹이는 것 같아서 좀 그랬거든요. 그때도 좀 됐죠? 1주기, 한 1주기가, 한 1주기 정도 되었을 때 교회를 갔는데 목사님이 뭐라고 그러시더라, 뭐 얼만큼 진행됐냐고 그래서 진행된 것 아무것도 없다고, 해준 것도 아무것도 없고. 근데 목사님이 그러시더라고, 아니 나라에서 다 해주는데 왜 나서서 그러냐고. 그 소리 들었을 때 너무 가슴이 콱 막히더라고요. '아니 나라에서 뭘 해줬는데 저렇게 말씀을 하실까', '설사 나라에서 해준다고 했더라도 우리 유가족 앞에서만큼은 그런 말을 하면 안 되지 않나? 내가, 진짜 위로는 못 해줄망정 아픔을 줘야 하나?' 그런 생각이 들더라고요. 목사님한테[하고] 그때 많이 싸웠어요. "아니, 목사님 아무리 종교를 가지고 있다 해도, 미지는 천당 갔다고 해도, 우리 부모는 그 생때같은 자식이 꽃도 피어보지도 못하고 갔는데 너무 억울하지 않냐"고 [그러니 목사님이] "억울할 게 뭐 있냐"고, "사람은 한 번 태어나서 한 번 죽는데 일찍 간 게 뭐 그렇냐"고.

나도 믿지만은 천당 가는 건 좋은 거예요, 사실은. 근데 그 소리 들었을 때 너무 화가 나더라고. 천당 가는 건 좋겠지만, 준비라도 했어야 되잖아, 보낼 준비라도. 준비도 못 하고 있는데 그런 소리를 하니까 너무 화가 나더라고. 그렇다고 목사님하고 멱살 잡고 싸울 수도 없잖아요. '내가 여기서는 교회를 나오면 안 되겠다'라는 생각이 들었어요. 그래서 그다음 날서부터 안 나갔어요. 가면 얼굴만 붉혀지고 싸워야 되는데 거기서 무슨 믿음 생활이 되냐고. 가고 싶지 않아서 안 나갔어요. 그래서 지금까지 안 나가는데, 교회는 나갈 거예요. 어느 교회든지 다시 맞는 목사님이 있을 거라고 생각을 해요. 그래서 그런 목사님을 지금 찾고 있는 중이에요.

아직까지는 교회는 못 나가고 있고, 믿음 생활은 여기 분향소에서 가끔씩 나와서 해요. 여기 옆에 기독교 부스가 있거든요, 거기서. 근데 분명히 천당과 지옥이 있다고 해도 그 앳된 애들이 믿음이 안 가던[믿음을 가지지 못한] 애들도 많거든요. 믿음 가진 애도 별로 없었고. 그런데 부모들은 다 천당 갔으리라고 생각을 하죠. 천당 간 거는 좋은데, 너무 짧게 살다가 갔으면은 부모로서 너무나 아쉽잖아요. 이런 세상에 나온 건 그래도 부모가 어느 정도 살다가 자기 꿈도 펼치고 그랬다가 가면 좋은데 아무것도 해보지도 못하고 간 게 너무 억울하잖아. 모르겠어요. 내가 목사라면은 천당 가서 당연히 좋은데, 그 앞에서는 그렇게 이야기는 하지 않겠어요. 다른 사람 같으면 "천당 가서 좋겠지만 너무나 아쉽겠습니다" 이렇게 위로라도 해줄 것 같아요. 그렇게 상처 주지는 않을 것 같아요.

그렇게 아마 상처받으신 분들이 많아요.

면담자   목사님한테?

미지 아빠   예, 그래서 교회 안 나가시는 분들도 좀 있어요. 다른 교회로 옮기고. 그런 분들이 많아요. 그러니까 목사님 같은 경우는 자기 입장에서 그렇게 말할 수 있지만은, 자기가 데리고 있는 성도라면은, 분명히 천당 간 건 좋은 일이에요. 그거는 맞아요. 맞는데, 그 부모 입장을 한번 돌아봐서 생각을 하면은, 너무나 아쉽거든요. 목사님들은 자기 입장에서만 생각을 하니까 그 부모의 마음은, 심정은 모르죠. 지금 여기 도와주시는 목사님들은 다 우리 부모 입장으로 생각을 해서 많이 도와주세요. 그분들은 너무 고맙죠. 똑같은 목사님인데도 생각이 바뀌시잖아요. '애들이 천당 간 건 확실해도 부모 마음은 힘들 것이다' 그래서 부모 입장을 대신해서 그래서 이것도 해주시고, 종교 단체에서 많이들 해주세요, 다달이 지원도 해주시고. 종교 가지신 분들도 목사님들도 생각이 똑같지가 않더라고. 자기 입장에서 생각하시는 목사님도 계시는 반면에, 우리 부모 입장에서 생각하시는 목사님들도 있고. 그 종파가 틀려도 그래요. 감리교, 장로교, 뭐 이렇게, 뭐 원불교, 천주교 이런 분들도 생각하시는 게 다르시더라고.

제가 믿음 생활을 하는 것도, 저도 그래요, 미지가 천당 갔다는 건 확실히 믿어요. 미지가 그 한 달 동안, 그 생전에 모습을 그려보면은, 미지는 항상 웃는 낯으로 계속 살았어요, 이렇게 찡그린 날도 없었고, 수학여행 가기 전날까지도. 미지 엄마랑 통화했을 때도 그렇게 물이 금방 차 있는데 50센티밖에 안 됐는데도 담담하게 전화해서 그냥 "어, 엄마 여기 그냥 물이 찼어. 물 찼는데 애들 다 나갈 거라고 생각해" 뭐 이렇게, 그래서 미지 엄마는 "어, 그래 알았어" 서로 이렇게 담담하게 편안한 모습으로 받아줬는데. 미지는 당연히 살았으리라고 생각을 했었거든. 그 진도 첫날 내려갔는데 물어보니까 미지, 뒤에 있다고 했었거든, 먼저 나왔다고. "뒤에 어디 있을 겁니다" 그래 찾아봤더니 없더라고. 그래서 애들한테 나중에 물어보니까, 나왔다가 애들이 안 나와서 다시 들어왔다고 그러더라고. 미지가 평소에 보면은 얘가 좀 의리에 강해요, 오지랖이 넓어. 자기보다 못한 사람들은 꼭 안고 가려고 그러죠. 그래서 아마 반장도 됐던 것 같애.

미지 같은 경우에는 중학교 여기 안 나와서, 친구들이 중학교 친구들이 많지 않아요, 초등학교 친구들만. 그런데 화성에 있는 자연중학교에 있는 친구들이 와서 이야기를 해주는데, 미지는 생활하는 게 참 긍정적인 생각을 많이 했다고 그러더라고요. 그래도 꼭 자기보다는 남을 위해서 일했었다고. 미지 같은 경우 지가 반장을 안 했어도 친구들을 살렸을 거라고 생각을 해요. 자기 혼자 못 나왔을 거라고 생각을 해요. 또 생각을 하니까 갑자기 슬프네. 그렇지만 미지 인생은 거기까지라고 생각을 하고, 거기까지 살다 간 인생을 뜻있게 보람 있게 살다 간 것을 남겨줘야 되는데, 부모로서 그걸 못 해준 게 좀 서럽죠. 진실을 밝히고 꼭 해야 되는데. 부모로서 당장 급한 것은 그거예요. 자식들이 왜 그렇게 가야만 했는지를 세상에 널리 알려야 되고, 정말로 왜 그렇게 살릴 수 있는 시간도 많았었는데 왜 안 살렸는지 그 이유를 꼭 밝혀내야 되는데. 밝혀지겠죠, 저도 긍정적으로 생각을 많이 하거든요. 진실은 꼭 밝혀질 것이라고 확신하거든요. 그러면서 하루하루 살아요.

면담자   아까 목사님 때문에 그 교회는 안 가게 되셨다고 하셨는데, 신앙 자체에서 혹시 흔들리신 적이 없으셨는지.

미지 아빠   아니요, 신앙 자체에서는 흔들릴 게 없죠. 흔들릴 거는 없는데, 다만 그 목사님이 그렇게 말씀하신 게 너무 화가 나죠. 몰라, 내가 화가 난다는 것은 내 욕심만 차려서 화가 난다고 생각은 할 수 있겠죠. 그런데 내 자신은 그런 게 싫어. 정말로 어디가 아프고 보낼 준비가 서서히 맞이했다면은 '아, 그래 맞아' 이렇게 생각을 할 수가 있는데, 멀쩡하게 있다가 그 전날도 깔깔대고 웃다가 서로 안고 하다가 없어졌는데, 준비도 하나도 못 했는데, 그게 못 하고 보낸 게 너무나 화가 났는데, 그 화난 상태에서 그런 소리 하니까 종교로서는 맞지만 인간관계로서는 맞지가 않다고 생각을 했거든요. 물론 종교도 중요하지만, 저 같은 경우 그래요, 인간관계도 중요하다고 생각을 해요. 우리가 종교로서 봐서는 당연하지만 인간으로서 봐서는 그렇게 말을 하면 안 된다고 생각하거든요. 그래서 거기를 안 나가고 있죠. 다른 목사님 찾아보고 있는 중인데 그게 그렇게 쉽지가 않아요.

미지 아빠 유해종

11
4·16 이후의 활동 중 위안이 되었던 점과 후회하는 점

면담자   지난 2년 동안 본인한테 가장 위안이 되었던 점이 있다면? 활동이라든가 사건도 괜찮고요.

미지 아빠   위안이 되었다고는 볼 수는 없어요. 진짜 하루하루 사는 게. 생전에도 뭐 지옥이라는 표현을 쓰면 안 되겠지만 지옥 같은 생활이라 그럴까. 지옥을 한 번도 가보지 않았으니까 어떤 거라고는 생각할 수는 없어요. 그런데 지옥이라는 표현은 '아우… 내가 왜 여기 있지? 내가 왜 살아야만 되나? 살기는 싫은데 목숨은 안 끊어지고. 과연 내가 어찌 살아야 되지? 뭘 보고 있지?' 막 이런 생각이 드니까. '아, 이런 게 지옥인가 보다' 그래도 산다면 뜻이 있고 계획이 있고 그 실천이 옮겨가는 맛이 있는데 그런 게 없어지고 나니까 '아, 이런 게 지옥이로구나. 아무런 의미가 없게 사는 게 지옥이로구나' 그렇게 생각이 들 때가 많죠. 거기서 한 가지 희망이라면은 애들이 왜 갔는지, 그 밝힌다는 진실, 그게 하나의 희망이에요. 내가 살면은 애들 간 이유, '왜 그렇게만 갔어야 되지?' 그 진실을 밝히는 것, 그게 희망이고 길이죠.

면담자   지난 2년 동안 되게 많은 활동을 하셨는데 혹시 아쉽거나 후회되는 일이 있으신지요?

미지 아빠   아쉬운 건 있죠. 후회되는 건 없지. 아쉬운 거는 그런 것 같아요. 내가 부모로서 자식한테 살아생전 못 해준 것들. 이렇게 짧게 살다 갈 바에, 인생이라면 그 애가 해달랬던 것, 왜 못 해주고 안 해줬을까라는…. 후회막심하죠, 후회만. 기회가 주어졌더라면 잘해줬을 텐데라는 생각도 하고…. 애는 가고 없어지니까 그것만 생각이 나죠. '아, 얘들이 왜 그렇게 가야 했지? 살 수 있는데 왜 갔지? 야, 이거 아니잖아. 이 멀쩡한 애들을 수학여행 떠난다고 왜 갔지? 근데 왜 애네들이 이야기를 안 해주지?' 그러니까 거기서 자꾸 오기가 생기는 거죠. '어? 이 새끼들 봐라. 이 새끼들이 무슨 짓거리 한 거네. 왜 이래. 왜 이야기를 안 해주지?' 그렇게 시작해서 이제 이건 진실을 밝혀야 된다는 생각이 조금씩, 조금씩 자꾸 들어가는 거죠. 그래서 인생, 내 인생 다하는 그날까지 '아 나는 내 인생은 없어졌다. 오직 진실을 밝히는 데 내 인생을 바치겠다' 그러고 사는 거죠.

면담자 지금까지 활동하셨던 거에 대해서는 아쉬운 점이 없으신지요?

미지 아빠 아직까지는 없어요. 앞으로는 어떻게 될지 모르지만 지금까지는 없어요, 아쉬운 거는. 왜? 지금까지는 내가 하던 것은 잘했기 때문에 후회하지는 않고 있어요. 그런데 후회가 된다면은 정부가 하는 짓거리가 후회가 되죠. 애네들이 언제까지 이렇게 감출 건가, 좀 빨리 진실을 이야기를 해주면 좋으련만 왜 안 해줄까라는 게 좀 아쉽고 후회가 되죠.

미지 아빠 유해종

12
4·16 참사 1주기와 2주기를 대할 때의 심경 변화

면담자　　지금 저희가 2주기가 다 됐잖아요.

미지 아빠　　내일 모레죠.

면담자　　1주기와 2주기를 지내시면서 혹시 1주기와 2주기 때 마음이 바뀌신 게 있다든가, 달라지신 점이 있다든가….

미지 아빠　　달라진 건 아직 2주기 날짜가 오지 않아서 그런지 몰라도, 모르겠어요. 1주기 때는 얼렁뚱땅 넘어간 것 같아요. 그때는 한참 싸우러 돌아다녔기 때문에 1주기라는 걸 모르고 지나간 것 같애. 어떻게 어떻게 하다 보니까 1주기 지나간 것 같애. 늘 노숙하고 싸우고 다니고 이래서 1주기 때는 그런 것 같고, 2주기 때는 차분히 맞이를 하려고 준비는 하고 있는데… 2주기 얼마 남지 않았잖아요? 2주기 때는 가서 '야, 이거 내가 2주기를 어떻게 맞이해야 되지? 뭐를 어떻게 해야 되지? 우리 애를 위해서 뭐를 해야 되지?' 이런 게 지금 마음속에는 오로지 미안한 것밖에 없으니까는 '야, 벌써 1주기, 2주기가 다 되도록 여태까지 하나도 밝혀낸 게 없네. 뭘 하고 살았지?' 이런 아쉬움? 솔직히 2주기 때도 애들 앞에 서기 미안해요. 부모로서는 2주기 다 되도록 밝혀낸 게 없으니까. 그때가 어떻게 맞이할지는 몰라도 지금 현재로서는 미안한 마음뿐이에요. 너무 미안해.

면담자   그때랑 혹시 감정적으로 바뀐 점이 있으신가요?

미지 아빠   아니요, 감정적으로 바뀐 건 하나도 없어. 진짜 무의
미한 삶만 살았다고 생각해요. 모르겠어, 우리 유가족도 어느 집이
나 똑같을 거라고 봐. 왜냐하면 우리 부모들도 똑같은 생각을 이렇
게 나와서 이야기하라 그러면 그 생각이 그 생각인 것 같애. 어느
가정도, 몰라 우리 가정도 그렇고 어느 가정도 다 똑같겠지마는,
집에 들어가서 웃음소리가 안 난다고 그러더라고. 웃음소리가 사
라졌다고 그러더라고 다들. 그래서 '다들 똑같구나. 어느 가정이나
마찬가지구나'. 웃음소리가 사라지고 외식을 못 한다고 그러더라
고, 잘. 외식하러 가려고 하면 그, 애 먹던 생각이 자꾸 떠올라서
잘 못 간다고 그러더라고. 그래도 뭐 하나 먹으려고 그러면 '아, 애
가 이거 좋아했었는데, 얘가 너무나 좋아했었는데' 이런 생각이 든
다고 다들 그러더라고. 그러니까 이런 거를 평생 안고 가야 돼, 우
리 유가족들은.

    정부가 얼른 빨리 자기네들이 솔선수범해서 진실을 밝혀주고
그러면, 부모들이 자식을 묻고서 다른 자식한테 기대를 걸면서 살
아갈 텐데 그걸 못 하니까 너무나 화가 나는 거죠. 솔직히 어느 누
가 마음속에 다 분노만 있을 거예요. 나 자체로부터 생각하니까 분
노밖에 없거든. 정말로 이런 생각 하면 안 되는데 정말로 죽이고
싶은 생각, 이런 생각이 많이 들어요, 그런 생각 가지면 안 되는데.
그런 생각이 너무 많이 들어서 좀 화가 나고 속상해요. 왜 똑같은
삶을 주어졌는데 우리한테 이런 시련의 고통을 줘야 되는지. 정부

로서 자기가 그렇게 일부러 약속을 했으면은 해줘야 되는데 그걸 안 해주니까 그 시기가 너무나 밉죠.

면담자 　　　　혹시 마지막으로 더 하시고 싶은 말씀 없으신지?

미지 아빠 　　　하고 싶은 말은 없어. 자꾸만 이야기를 하면 그 생각이 자꾸만 떠올라서. 가슴 아픈 생각이 자꾸만 나서.

면담자 　　　　그러면 오늘 여기까지 하겠습니다.

4·16구술증언록 단원고 2학년 1반 제1권

그날을 말하다 미지 아빠 유해종

ⓒ 4·16기억저장소, 2019

기획 편집 4·16기억저장소 ┆ **지원 협조** (사)4·16세월호참사가족협의회
펴낸이 김종수 ┆ **펴낸곳** 한울엠플러스(주)
초판 1쇄 인쇄 2019년 4월 1일 ┆ **초판 1쇄 발행** 2019년 4월 16일
주소 10881 경기도 파주시 광인사길 153 한울시소빌딩 3층
전화 031-955-0655 ┆ **팩스** 031-955-0656 ┆ **홈페이지** www.hanulmplus.kr
등록번호 제406-2015-000143호

Printed in Korea.
ISBN 978-89-460-6701-1 04300
        978-89-460-6700-4 (세트)
* 책값은 겉표지에 표시되어 있습니다.